JN418441

출근부터 퇴근까지

영어로 정복한다

3030 English

3030 English
하루 30분씩 30일이면 **출근부터 퇴근까지 영어로 정복한다**

저자_ 김지완

1판 1쇄 발행_ 2009. 7. 31.
1판 8쇄 발행_ 2025. 12. 26.

발행처_ 김영사
발행인_ 박강휘

등록번호_ 제406-2003-036호
등록일자_ 1979. 5. 17.

경기도 파주시 문발로 197(문발동) 우편번호 10881
마케팅부 031)955-3100, 편집부 031)955-3200 | 팩스 031)955-3111

값은 뒤표지에 있습니다.
ISBN 978-89-349-3533-9 18740

홈페이지_ www.gimmyoung.com
블로그_ blog.naver.com/gybook
인스타그램_ instagram.com/gimmyoung
이메일_ bestbook@gimmyoung.com

좋은 독자가 좋은 책을 만듭니다.
김영사는 독자 여러분의 의견에 항상 귀 기울이고 있습니다.

하루 30분씩
30일이면

출근부터 퇴근까지

영어로 정복한다

3030 English

김지완 지음

김영사

3030 English, 이것이 다르다!

해도 해도 늘지 않는 영어회화, 해답은 실현 가능한 목표를 정하고
그 목표를 현실로 만들어 줄 확실하고 효과적인 방법으로 공부하는 것입니다.

이 책의 목표 : 출근부터 퇴근까지, 영어로 정복해보자!
실현 방법 : 하루 30분씩 30일만 큰 소리로 영어를 따라한다!

이것이 바로 3030 English의 차별점입니다.
기존의 회화책은 마치 비즈니스 영어표현을 모아 놓은 사전과도 같은 느낌이었습니다.
하지만 사전 같은 책을 몇 시간씩 들여다본다고 회화 실력이 늘지는 않습니다.

영어는 반드시 말해 봐야 합니다!

독자가 말해 볼 수밖에 없게 만드는 3030 학습법이

당신의 하루 일과 속 모든 대화를 영어로 바꾸어 드립니다.

독자 여러분들은 그저 책의 하루하루치를 날짜에 맞춰 따라 오시기만 합니다.
그럼 소리 내어 영어를 말하게 될 것이고, 이것이 곧 영어의 체득으로 이어질 것입니다

눈으로만 보고 끝나는 회화책	vs.	말하게 만드는 회화책

당신은 어떤 방법의 영어학습을 선택하시겠습니까?

이 책, 살까 말까?

결정하기 전에 우선 아래 질문에 답해보세요.

1. 나는 이 책 저자의 의도대로 반드시 소리 내어 각일차를 말해 볼 것이다.
   YES ☐ NO ☐

2. 기존의 생각하고 눈으로만 보는 학습법을 버리고
   3030 특유의 학습법인 말해 보는 영어 학습법을 따라 학습할 것이다.
   YES ☐ NO ☐

3. 더 이상 단어암기와 영어문법에 연연하지 않고 오직 아는 것 말하기에 집중할 것이다.
   YES ☐ NO ☐

4. 나는 이 책의 긍정적인 효과를 믿고 반드시
   30일 후 영어 실력에 향상이 있으리라 확신한다.
   YES ☐ NO ☐

5. 나는 나 자신이 30일간 책을 따라 꾸준히 학습할 수 있는 사람이라 확신한다.
   YES ☐ NO ☐

위 물음에 하나라도 NO라고 답하신 분은 이 책을 구매하셔도 아무런 효과를 볼 수 없을 것 같으니 차라리 다른 책 기존의 "영어지식"을 늘려 주고 "영어상식"을 늘려 주는 책을 구매하시기 바랍니다. 더 이상 생각하고 고민하는 영어가 아닌 **긍정적으로 믿고 우선 말하고 보는 영어 학습의 세계 3030의 세계로 따라 오실 분들만 이 책을 구매해 주시기 바랍니다.**

INTRO

영어로 회의를 할 수 없는 사람은 떠나라!!!

이런 말 요즘 많이 들어 보셨죠? 어떤 대기업들은 영어로 회의가 불가능한 사람은 아예 채용을 하지 않겠다! 혹은 이미 채용된 사람도 과감히 퇴출시키겠다는 흉흉한 소식들이 뉴스를 통해 우리를 위협하고 있습니다.

하지만 걱정하지 마세요! 두려워하지 마세요!

왜냐면…
두려워하고 걱정해서 해결되는 것은 아무것도 없기 때문입니다.
걱정하고 두려워할 시간이 있다면 차라리 영어로 한 문장 더 말해 보세요.
여기서 중요한 것은 "말해 본다"이지 우리가 흔히 알고 있는 "공부한다"가 아닙니다.

자! 이쯤 읽으신 분들은 무슨 말인지 대충 감이 오시죠?

다이어트를 하고 싶으면 운동을 하면 되고…
돈을 벌고 싶으면 일을 하면 되고…

영어를 잘하고 싶으면 말을 해 보면 됩니다…

그런 분들을 위해
출근부터 퇴근까지 접하게 되는 모든 상황을 영어로 직접 말해 봄으로써 체득하고 싶어하시는 여러분들을 위해 Jay가 본 책을 집필하게 되었습니다.

영어 회의, 전화 통화, 업무 보고 등 두려워 말고 저와 같이 말해 보세요!

30일만 저를 따라 말해 보시면 알게 되실 것입니다.
당신 안에 영어로 직장생활을 할 수 있는 능력이 있다는 사실을…

3030 학습법이란?

일반적인 영어회화 교육방법

1시간 수업 중 영어로 말하는 문장 수는 10개 미만
이렇게 한 달 동안 공부하면
10×30=300
즉, 300개의 문장을 말하게 됩니다.
(한 달 300문장)

vs.

3030 학습법

하루 30분 최소 36개의 문장을 2번씩 말하게 되므로 72문장
이렇게 한 달을 학습하면 최소한
72×30=2160개의 문장을 말하게 됩니다.
(한달 2160문장)

많이 말해 보는 방법보다 더 좋은 영어학습법은 없습니다.

300문장 vs. 2160문장

당신은 어떤 학습법이 더 좋다고 생각되세요?

CONTENTS

3030시리즈 소개 4
Intro 6
게임의 법칙 10
보증서/서약서 11

PART ONE 사무실에서 영어로 폼 잡기

1일차 출근인사/지각/조퇴하기 12
2일차 사무기기 사용하고 빌려 보기 18
3일차 업무지시 24
4일차 비즈니스 전화하기 30
5일차 약속 정하기/확인하기/변경하기 36
6일차 바이어 공항으로 마중 나가기 42
7일차 바이어에게 회사 소개하기 48
8일차 바이어에게 제품 소개하기 54
9일차 한국에서 바이어 접대하기 60
10일차 회의 중 동의/반대/절충하기 66
11일차 내가 주도하는 회의 마무리 72
12일차 평상적인 사무실 대화 1 78
13일차 평상적인 사무실 대화 2 84
14일차 평상적인 사무실 대화 3 90
15일차 점심식사 96
16일차 바이어와의 문제 해결하기 102

17일차 직원/동료 칭찬하고 격려하기 108
18일차 연봉 협상 114

PART TWO 앗! 미국 출장이다

19일차 비행기와 숙소 예약 120
20일차 비자신청 인터뷰/미국 입국절차 126
21일차 미국 현지 호텔 체크인과 탑승수속 132
22일차 환전하고 렌터카 빌려 보기 138
23일차 바이어 사무실 찾아가기 144
24일차 미국 바이어 사무실 방문 150
25일차 협상과 계약 156
26일차 미국 현지에서 식사하면서 한잔 162

PART THREE 특수상황 맛보기

27일차 자기 PR 168
28일차 영어 프레젠테이션 1 174
29일차 영어 프레젠테이션 2 180
30일차 원어민의 비즈니스 이메일 엿보기 186

Appendix_Review 192
Outro 222

게임의 법칙

처음 3일차 정도만 아래의 사용법에 따라 열심히 해 보면
영어에 대한 자신감이 생기리라 확신한다.

1. 꼭 CD나 MP3를 들으며 책을 봐야 한다. (일방적인 말하기 책이 아니라 대화책이기 때문에 듣고 답해야 한다.)

2. 홀수 페이지에서는 대화한다는 생각으로 자신의 의견을 말하듯 한국말을 영어로 바꿔 말한다.

3. CD에서 방금 말한 영어 문장을 원어민이 정확한 발음으로 교정해 주면 성대모사하듯 원어민을 따라 말해 본다.

4. 자신의 의견에 대한 원어민의 답을 듣는다.

5. 이런 식으로 홀수 페이지의 대화를 듣고 대답하며 진지하게 끝까지 마무리한다.

6. 짝수 페이지에서는 홀수페이지와 대화내용은 같지만 대화 순서가 바뀐다. 즉 통역해야 하는 부분이 다르다.

7. 홀수 페이지에서는 내가 먼저 대화를 시작했다면 짝수 페이지에서는 원어민의 문장을 듣는 것으로 대화를 시작한다. 역시 대화한다는 생각으로 끝까지 마무리한다.

대화에 임한다는 생각으로 크게 말하지 않으면 학습 결과는 좋지 않을 것입니다.

반드시 대화한다는 생각으로 감정을 넣어 큰소리로 말해 보세요!

보증서

30일 동안 매일 30분씩 본책 사용법을 준수하여
영어를 그게 소리 내어 말했음에도 영어회화를
할 수 없는 분이 계시다면 저자의 인세를 돌려 드리겠습니다.
이건 저자의 솔직하고 진지한 약속입니다.

베스트셀러 어학교재 14권 집필한
현 김지완어학원 원장 김지완의 보증서

서약서

나 ______ 는 앞으로 30일 간 저자 김지완의 가르침대로
최선을 다해 학습할 것을 다짐합니다.

나 ______ 는 학습하는 동안 슬럼프가 오거나 의심이 생겨도 포기하지 않고 묵묵히 30일까지 마치겠다고 다짐합니다.

나 ______ 는 30일 후에 영어회화를 할 수 있을 것이라 믿습니다.

위와 같이 서약합니다.

년 월 일

(서명)

DAY-1 일차

"시작이 반이다" 란 말이 있죠? 그만큼 시작이 중요하다는 말입니다. 하지만 JAY는 이렇게 말하고 싶군요.

"시작이 전부다"

네, 그렇습니다. 시작한다는 것은 그만큼 중요합니다.
비즈니스 영어회화를 마스터하기로 결심하신 당신!
절대 포기하지 마세요!
이젠 30일 동안 그저 묵묵히 하루하루 실천할 일만 남았습니다.
그럼 오늘은 출근할 때와 조퇴할 때 일어날 수 있는
상황을 말해 볼까요? Let's Go!!!

영어로 출근인사 어떻게 할까 궁금하셨죠?

부분을 영어로 생각해 보세요

A 좋은 아침입니다.

B A little late today, Mr. Kim.

A 네, 사과드립니다.

B What held you up* this morning?

hold up = 정지하다

A 교통체증이 있었습니다.

B Did you go through the city?

A 네, 고속도로를 봉쇄했더라고요.

B Well, today is your lucky day!

A 왜죠?

B A few of your colleagues are not in* yet either.

be in = 안에 있다 (즉, 아직 출근을 하지 않았다)

A 내일은 제시간에 오도록 하겠습니다.

B Yes, it's important that you be punctual,* Mr. Kim.

be punctual = 시간을 잘 지키다

A 교통체증을 피하려고 오늘 아침에 좀 일찍 출발했어요.

B Just don't make a habit of it, Mr. Kim.*

make a habit of it = 습관으로 만들다, 습관이 되게 하다

A 제가 전화를 드렸어야 했습니다.

B Next time, just give Alice a call.

A 그러겠습니다.

B See you in the meeting, Mr. Kim.

눈요기만 하고 계시는 건 아니죠?
반드시 소리 내어 말해 보셔야 합니다. 진짜 대화에 임한다는 생각으로!

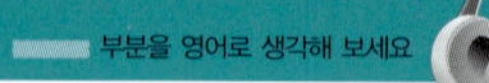

A Good morning.

B 오늘 조금 늦었군요, 김 과장.

A Yes, I apologize.

B 오늘 아침 무슨 일로 늦었습니까?

A There was a traffic jam.*

traffic jam = 교통체증

B 도시를 관통해서 왔나요?

A Yes, they closed the highway.

B 음, 오늘은 운이 좋군요!

A Why is that?

B 당신의 동료들도 몇몇이 아직 안 왔거든요.

A I'll try to be on time* tomorrow.

be on time = 제시간에 오다

B 그럼요, 시간을 지키는 것은 중요하죠, 김 과장.

A I did leave earlier this morning to avoid the traffic jam.

B 습관이 들지만 마세요, 김 과장.

A I should have called in.*

call in = 전화로 보고하다

B 다음번에는 앨리스한테 전화 한 통만 주세요.

A Will do.*

Will do. = 그렇게 하겠습니다. (Yes, Sir!의 뉘앙스)

B 회의에서 봅시다, 김 과장.

지각했을 때는 어떻게 해야 하는지 이제 아셨죠?
오늘은 **조기 퇴근 노하우**를 알아볼까요?

부분을 영어로 생각해 보세요

A 안녕하세요, 이 부장님. 얘기 좀 할 수 있을까요?

B Certainly, Mr. Kim.

A 부장님께서 원하셨던 것들이 모두 저 파일들에 들어 있습니다.

B Great!

A 주말은 어떠셨어요, 부장님?

B I played a lovely game* of golf on Sunday.

> lovely game = 사랑스러운 경기, 즉 즐거운 경기

A 오늘 제가 좀 일찍 퇴근하면 문제가 될까요?

B How early were you thinking?

A 회의 끝나고 바로요.

B Yes, it's important that you attend, Mr. Kim.

A 병원에서 막판에 전화를 해서 저를 진료명단에 넣어 줬어요.

B I understand.

A 파일들은 모두 업데이트되어 있습니다.

B If you can meet this week's deadline, then I don't see a problem.*

> I don't see a problem = 나는 문제를 보지 않는다, 즉 문제가 없어 보인다, 괜찮다

A 정말 감사드립니다, 부장님.

B Just make sure* to tell Alice you'll be out of the office.

> make sure = 확실히 하다

A 알겠습니다, 부장님.

B I hope everything goes well* at the clinic.

> everything goes well = 모든 것이 잘 풀리다, 잘 진행되다

정말 대화에 임한다는 생각으로 **진지하게 그리고 크게** 소리 내어 말해 보세요!

부분을 영어로 생각해 보세요

A Good morning, Ms. Lee. May I have a word with you?

B 물론이죠, 김 과장.

A I'm all caught up on* those files you wanted, ma'am.

B 좋아요!

> catch up on = 뒤쳐진 것을 만회하다, 마무리하다

A How was your weekend, ma'am?

B 일요일 골프게임이 아주 좋았어요.

A Would it be a problem if I took off early today?

B 얼마나 빨리 나가려고 생각하는데요?

A Right after the meeting.

B 네, 김 과장이 꼭 참석해야 하죠.

A The clinic called at the last minute* and they can fit me in.

B 알겠어요.

> at the last minute = 막판에, 임박해서

A All files are up to date.

B 이번 주 마감시간을 지킬 수 있다면 문제가 없다고 봐요.

A I really appreciate* it, ma'am.

B 앨리스에게 당신이 퇴근할 거라는 것만 꼭 알려주세요.

> appreciate = 감사하다, 고맙게 여기다 (thank보다 공손한 표현)

A Yes, ma'am.

B 병원에서 별일없기를 바랄게요.

Must Pick-Up Expressions and Words

꼭 알고 넘어가야 하는 단어·표현들

- □ **hold up** 정지하다
(hold you up = 너를 정지시키다 / 지연시키다)
- □ **colleague** 동료
- □ **be in** 안에 있다
(colleagues are not in = 동료들이 안에 없다. 즉, 상황상 아직 출근하지 않았다)
- □ **be punctual** 시간을 잘 지키다
- □ **make a habit of it**
습관으로 만들다, 습관이 들게 하다
- □ **meeting** 회의
- □ **apologize** 사과하다, 사죄하다
- □ **traffic jam** 교통체증
- □ **highway** 고속도로
- □ **be on time** 제시간에 오다
- □ **I did leave early.** I left early.라고 하지 않고 I did leave를 사용함으로 일찍 출발했다는 사실을 강조하고 있다.
- □ **should have + 과거분사** ~했어야 했다
- □ **call in** 전화로 보고하다
(즉, should have called in은 '전화로 보고 했어야 했다' 란 뜻)
- □ **Will do.** 그렇게 하겠습니다. (Yes, sir.와 같은 의미)
- □ **lovely game** 사랑스러운 게임, 즉 즐거운 한판
- □ **deadline** 마감 시한, 최종 기한
- □ **I don't see a problem** 나는 문제를 보지 않는다, 즉 문제가 없어 보인다, 괜찮다
- □ **make sure** 확실히 하다
- □ **everything goes well**
모든 것이 잘 풀리다, 잘 진행되다
- □ **May I have a word with you?**
제가 당신과 말 한마디를 할 수 있을까요?
(즉, 할 말이 있으니 이야기 좀 하자는 뜻의 공손한 표현)
- □ **catch up on** 뒤쳐진 것을 만회하다, (일 등을) 마무리하다
- □ **at the last minute** 막판에, 임박해서
- □ **up to date** 업데이트되어 있는, 최신화되어 있는
- □ **appreciate** 감사하다, 고맙게 여기다 (thank 보다 공손한 감사의 표현)

Jay's Coaching

시작이 중요합니다.
외국인 회사에 취업하기 위해서건 그냥 영어공부를 하기 위해서건 시작하면 끝을 봐야겠죠? 오늘 당장 결심하세요!
이 책을 30일차까지 무슨 일이 있어도 끝내겠다고!
게을러지고 싶은 자기 자신을 이길 수 있는 힘은 바로 당신 안에 있습니다.
반드시 30일차까지 끝내겠다고 지금!!! 결심하시기 바랍니다.

DAY-2일차

어제는 출근과 조퇴하는 상황을 보았습니다.
어떠세요? 이젠 정말 출근 인사는 문제없나요?
머리로 아는 것과 직접 말할 수 있는 것에는 큰 차이가 있습니다.
〈3030 English〉에서 가장 중요하게 생각하는 부분이
바로 이것입니다. 다시 말해, 당신은 영어로 말할 수 있어야 합니다.

입안에서만 영어 단어들이 맴돈다면,
더 연습하셔야 한다는 신호입니다.

여기서 연습은 당연히 소리 내어 말해 보기겠죠? 자, 그럼 1일차를
완벽히 구사하실 수 있는 분들만 2일차로 넘어가 볼까요?

회의 준비하느라 정신 없는데 복사기까지 말을 안 듣는 상황입니다.
이럴 때 누군가가 짠하고 나타나 도와준다면?

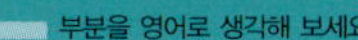 부분을 영어로 생각해 보세요

A 린다, 복사기를 고쳤는지 알고 있나요?

B I'm not sure. Give it a try.

A 지난번에 한 장 복사할 때마다 종이가 걸리지 않게 해야만 했어요.

B It was out of order* last week, that's why, Mr. Kim!

out of order = 고장 난

A 전 복사기를 고친 줄 알았어요.

B What do you need done? I have some spare time.*

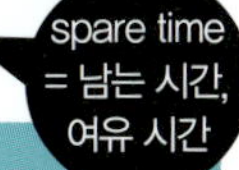

A 전 1시 회의를 위해 이 파이차트를 확대해야 해요.

B Here, let me try. I usually have good luck with these machines.

A 작동되기를 바라요.

B The light is flashing.

A 아직도 고장인 게 틀림없어요.

B Yeah, it's a paper jam* again!

paper jam = (복사기 등의) 종이 걸림

A 윽, 안 돼요! 회의 때 이게 꼭 준비되어야 해요.

B You can email or fax me the pie chart upstairs.

A 맞아요, 그 복사기는 항상 잘되죠.

B I'll enlarge it for you and bring it down.*

bring (something) down = ~을 가지고 내려오다

A 당신은 생명의 은인이에요, 린다!

B No problem, Mr. Kim. Anytime!

당신은 **대화하고 있습니까?** 아니면 독해책 보듯
뜻만 보고 있습니까? 반드시 소리 내어 말해 봐야 합니다!

부분을 영어로 생각해 보세요

A Linda, do you know if they have fixed the photo copier?

B 잘 모르겠는데요. 한번 해 보세요.

A Last time, I had to un-jam* the paper after each copy.

un-jam = 종이 걸림 현상을 제거하다

B 지난주엔 고장 났었어요, 그래서 그랬어요, 김 과장님!

A I thought they had it repaired.

B 무엇을 하셔야 하는데요? 제가 시간이 좀 있어요.

A I need to enlarge this pie chart for the meeting at 1:00 pm.

B 자, 제가 해 볼게요. 전 보통 이런 기계에는 운이 좋은 편이에요.

A I hope it works.*

work = 작동되다

B 불이 깜빡이네요.

A It must still be* out of order.

must be = ~임이 틀림없다

B 네, 또 종이 걸림 현상이네요!

A Oh no! I really need this ready for the meeting.

B 파이차트를 위층으로 저에게 이메일이나 팩스로 보내세요.

A That's right. That copy machine always works well.

B 제가 확대해서 가지고 내려올게요.

A You are a lifesaver,* Linda!

lifesaver = 인명 구조자, 생명의 은인

B 별 말씀을요, 김 과장님, 언제든지요!

사무실에서 필요한 물건이 한두 가지가 아니죠?
영어로 필요한 용품을 말할 수 없다면… 매우 답답하겠지요.

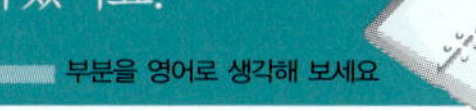

부분을 영어로 생각해 보세요

A 안녕, 앨리스, 당신 노트북에 붙인 포스트잇 쪽지 봤어요?

B Yes, I did. I'll order a new fax machine for our department soon.

A 다른 여러 사무용품도 떨어져 가고 있어요.

B I am faxing in the monthly order soon.

A 우리는 새 바인더, 화이트 그리고 스테이플러가 필요해요.

B Make sure you put them on the list!★

put ~ on the list = ~을 리스트에 넣다

A 상사에게 또 스테이플러를 찍지 않은 흩어진 서류를 드리면 그는 이성을 잃을 거예요.

B We better get lots of staplers then!

A 제가 다른 동료들에게 더 필요한 게 있는지 물어 볼게요.

B Thanks, Mr. Kim.

A 최소한 그 정도는 제가 할 수 있어요.

B Well, it will save★ a lot of time.

save = 줄여주다, 절약시키다

A 주문서를 어디에 둘까요?

B Just put it in my inbox.

A 그렇게 할게요, 앨리스!

B Thanks, you're a gem.★

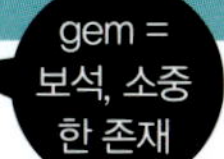

A 앨리스, 당신이 없으면 이 사무실은 난장판이 될 거예요.

B I know!

DAY - 2

사무용품도 이젠 영어로 말할 수 있겠죠?

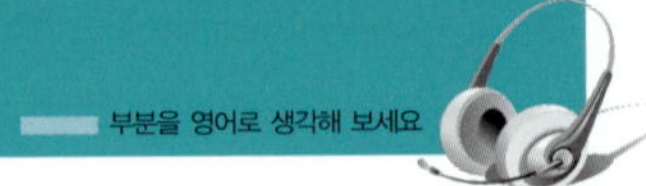

A Hi, Alice. Did you see my post-it note on your laptop?*

B 네, 봤어요. 우리 부서에 새로운 팩스기를 곧 주문할 거예요.

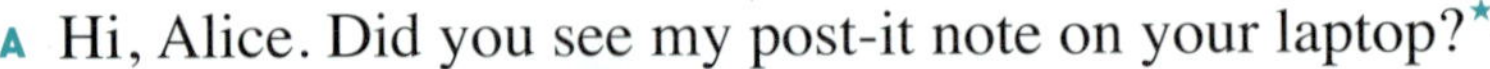

A We are running low* on many other office supplies.

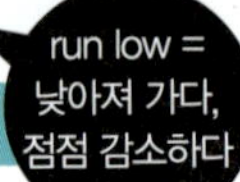

B 제가 곧 한 달치 주문을 팩스로 넣을 거예요.

A We need some new binders, white-out and staplers.

B 그 물품들을 리스트에 꼭 넣도록 하세요!

A If I give the boss another loose report unstapled, he will flip!*

B 그렇다면 스테이플러를 많이 주문해야겠군요!

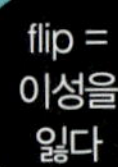

A I'll ask our other colleagues if they need anything else.

B 고마워요, 김 과장님.

A It's the least I can do.

B 음, 시간이 많이 절약되겠어요.

A Where do you want me to leave the order form?*

B 그냥 제 편지함에 넣어 주세요.

A Will do, Alice!

B 고마워요, 당신은 소중한 사람이에요.

A Alice, without you this office would be upside down.*

upside down = 거꾸로, 뒤집혀서

B 나도 알아요!

Must Pick-Up Expressions and Words

꼭 알고 넘어가야 하는 단어·표현들

- □ **out of order** 고장 난
- □ **What do you need done?** 뭐가 되어 있어야 합니까? 즉, 무엇을 해야 합니까?
- □ **spare time** 남는 시간, 여유 시간
- □ **have good luck with these machines** 이런 기계들과는 운이 좋다. 즉, 자기가 복사기 같은 것을 만지면 안 되던 것도 잘 된다.
- □ **paper jam** (복사기 등의) 종이 걸림
- □ **bring ~ down** ~을 가지고 내려오다
- □ **un-jam** (복사기 등) 종이 걸림 현상을 제거하다
- □ **enlarge** 확대하다
- □ **pie chart** 원모양의 도표, 파이차트
- □ **work** 작동되다 (문제없이 돌아가는 상황을 이르는 말)
- □ **must be** ~임이 틀림없다
- □ **lifesaver** 인명 구조자, 생명의 은인
- □ **monthly order** 한 달치 주문
- □ **put ~ on the list** ~을 리스트에 넣다
- □ **stapler** 호치키스
- □ **save** 줄여 주다, 절약시키다
- □ **gem** 소중한 존재
- □ **laptop** 노트북
- □ **run low** 낮아져 가다 (본문에서는 사무용품의 양이 점차적으로 감소하는 것을 뜻함)
- □ **office supply** 사무용품
- □ **unstapled** 호치키스를 찍지 않은
- □ **flip** 이성을 잃다
- □ **It's the least I can do.** 그 정도는 최소한 제가 해야죠.
- □ **order form** 주문 용지
- □ **Will do.** = I will do.
- □ **upside down** 거꾸로, 뒤집혀서

Jay's Coaching

영어단어와 표현을 외우는 방법…

아직도 펜으로 단어를 쓰면서 마치 천자문 외우듯하고 계신가요?
NO! NO! NO! 그렇게 하면 실제 상황에서는 사용이 절대 불가능하답니다.
그럼 어떻게 하냐고요? 새로운 단어나 표현이 포함된 대화문 속의 문장들을 자꾸 말해 봄으로써 자연스럽게 새로운 표현을 습득해야 합니다. 그래야 실제 상황에서도 사용할 수 있습니다. 기억하세요! 말해 봐야 합니다. 실제로 대화하듯!!!

DAY-3 일차

자, 오늘은 직장에서 지시하고 지시받는 상황입니다.
사실 직장에서는 매우 자주 있는 상황이지요.
상대방에게 **최대한 정중하게 지시하고**
또 지시받은 내용에 대해 제대로 이해하고
완벽히 업무를 완수한다면
회사에서의 성공은 보장된 것이겠죠?
자, 그럼 당신이 지시를 한다는 생각으로
또 당신이 상관에게 업무를 부여받는다는 생각으로
진지하게 대화에 임해 볼까요?

자, 당신이 상관이라는 생각으로 부하직원에게 지시를 내려 보세요!

당당하고 힘차게, 하지만 부드럽게!

부분을 영어로 생각해 보세요

A 김 과장, 당신이 뭘 좀 해 줬으면 해요.

B Yes, ma'am.

A 기아 담당자들이 올 거예요.

B When?

A 내일이요. 그들을 안내 좀 해 주겠어요?

B Of course.

A 공항에서 그들을 모시고 와야 할 거예요.

B What time?

A 정확히 3시요.

B Should I bring them directly here?★

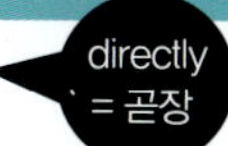

A 아니오. 호텔로 모시고 가세요.

B Sounds good.

A 그들에게 당신의 사업 보고서를 한 부 드리겠어요?

B Yes. The draft or the final report?★

A 물론 최종본이죠. 보고서는 완성되었나요?

B No, not yet, ma'am. I will finish it tonight.

A 내일까지 그게 준비되어 있길 바랍니다.

B No problem, ma'am.

이제는 당신이 임무를 부여받는 입장에서 대화에 임해 보세요.
당연히 또릿또릿해 보이면 좋겠죠. 그러려면 자신있고 힘차게 하세요.

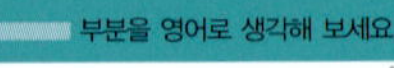
부분을 영어로 생각해 보세요

A Mr. Kim, I need you to do something.

B 네, 부장님.

A The KIA Representatives are coming.

B 언제요?

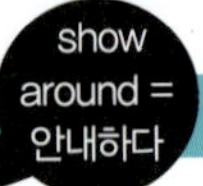

A Tomorrow. Would you please show them around?★

B 물론입니다.

A You will need to pick them up from the airport.

B 몇 시에요?

A 3:00 sharp.★

sharp = 정확히

B 이쪽으로 바로 모시고 올까요?

A No. You'll bring them to the hotel.

B 좋습니다.

A Can you give them a copy of your business report?★

B 알겠습니다. 초고를요, 아니면 최종본을요?

A Of course, the final report. Have you finished the report?★

final report = 최종 보고서

B 아뇨, 아직 안 됐습니다, 부장님. 제가 오늘밤 마무리하겠습니다.

A I hope you have it ready for tomorrow.★

have it ready= 준비해 놓다

B 문제없습니다, 부장님.

되도록 부드럽게 지시를 한다면 받는 사람도 기분 나쁘지 않겠죠?
한번 해 보세요. 부드럽게~

부분을 영어로 생각해 보세요

A 

B Certainly.★

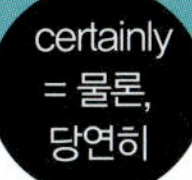

A 회사를 대표해서 당신은 발표를 하게 될 것입니다.

B On what specifically?★

specifically = 명확하게

A 제품 설명입니다.

B Who will be my target audience?★

audience = 청중

A 기아 관계자들입니다.

B When will I be presenting?

A 다음 주 화요일 오후요.

B What is our main objective?★

objective = 목표

A 그들이 우리 제품에 관심을 갖길 바랍니다.

B Are we looking to make a sale here?★

look to = ~하기를 기대하다

A 물론이죠. 우리 부품이 그들의 조립라인에 올라가기를 원합니다.

B How long should the presentation be?

A 30분 정도요.

B Sounds good.

A 이번 금요일까지 나한테 초안을 보여주세요.

B Will do. Thank you.

지시를 받을 때는 항상 지시내용을 정확히 파악해야 되겠죠?
몇 번을 되묻더라도 반드시 내용을 파악해야 임무를 완수할 수 있으니까요.

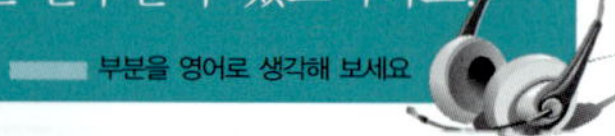

A Mr. Kim, can we have a word?★

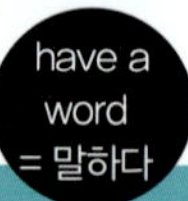

B 물론입니다.

A On behalf of the company, you'll be giving a presentation.

B 구체적으로 무엇에 관해서입니까?

A It will be a product presentation.

B 누가 제 대상 청중입니까?

A The KIA Representatives.

B 제가 언제 발표를 하게 되나요?

A Next Tuesday afternoon.

B 우리의 주된 목표는 무엇입니까?

A We want them to have interests in our products.

B 여기서 판매를 기대하는 건가요?

A Definitely. We want our parts on their assembly line.★

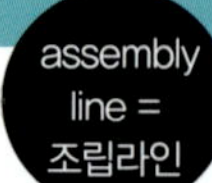

B 발표는 얼마나 길어야 하나요?

A About 30 minutes.

B 좋습니다.

A Please show me a rough draft by this Friday.

B 그렇게 하겠습니다. 감사합니다.

Must Pick-Up Expressions and Words

꼭 알고 넘어가야 하는 단어·표현들

- □ **directly** 곧장
- □ **draft** 초안
- □ **report** 보고서
- □ **show around** 안내하다
- □ **sharp** 정확히
- □ **business report** 사업 보고서
- □ **final report** 최종 보고서
- □ **have it ready** 그것을 준비해 놓다
- □ **certainly** 물론, 당연히
- □ **specifically** 명확하게, 구체적으로
- □ **target audience** 대상 청중
- □ **objective** 목표
- □ **look to** ~하기를 기대하다
- □ **have a word** 말하다
- □ **part** 부품
- □ **assembly line** 조립라인

Jay's Coaching

최근 경청에 관한 미국 서적을 보다 발견한 내용인데 영어 말하기와도 밀접한 관계가 있어서 알려 드리겠습니다. 우선 경청을 잘하는 방법인데, 그 기술의 핵심은 상대방의 말을 반복하는 것입니다. 예를 들어 "I went to school." (나 학교에 갔었어.) 하면 "You went to school?" (학교에 갔었다고?) 식으로 되묻듯 상대방의 말을 반복하는 것이죠. 이렇게 하면 대화하는 사람은 상대방이 자신의 이야기를 경청하는 것으로 인식하게 된다고 합니다. 놀랍게도 제가 처음에 영어를 배울 때 영국 랭귀지 스쿨의 선생님이 제게 추천해 주신 방법이 이것이었습니다. 영어를 가장 빨리 배우려면 대화 틈틈이 상대방의 말을 repeat하라는 것이었는데 실제로 그 효과는 놀라웠습니다. 여러분도 오늘부터 상대방의 말을 경청하며 중간중간에 반복하는 기술을 사용해 보세요. 상대방은 당신을 경청의 달인으로 생각할 것이고, 동시에 당신의 영어 실력은 향상될 것입니다.

DAY-4일차

지금도 생생하게 기억합니다.
유학 가서 처음으로 전화로 주문해서 먹었던 중국음식!
감동이었죠. 물론 나중에 생각해 보니 별일도 아니었지만요.
그렇습니다. 전화영어는 일반대화보다 훨씬 어렵습니다.
상대의 얼굴표정, 몸짓을 직접 볼 수 없기 때문이죠.
게다가 비즈니스 상황이라, 음… 하지만 걱정 마세요!
자꾸 해 보면 별거 아니니까요. 여기서 자꾸 해 본다는 것은 무엇을 해 본다는 것일까요? 당연히 말해 본다는 것입니다.
지금까지 **눈으로만 보고 암기하던 영어교육방법, 이젠 버리세요!!!** 반드시 소리 내어 말해 보세요!
자, 그럼 소리 내어 진지하게 전화통화에 임해 볼까요?

일 때문에 전화를 거니 상대방이 자리에 없습니다.
어떻게 말할까요?

▬ 부분을 영어로 생각해 보세요

A 여보세요, 브라운 부장님과 통화할 수 있을까요?

B I'm sorry he's not in.

A 오늘 늦게는 사무실에 계실까요?

B No, I'm sorry. He's out of the office all day.

A 내일은 계실까요?

B Unfortunately, he is out of town on business.*

> out of town on business = 일로 도시 밖에 있다, 즉 출장 가다

B May I ask who is calling?*

A 저는 김 과장이고 다음 주 해외미팅 때문에 전화했습니다.

A 그가 안 계신 동안 대신 일을 맡고 있는 사람이 없나요?

B Yes, his executive assistant.*

> executive assistant = 비서

A 지금 그와 통화할 수 있나요 ?

B Stay on the line* while I check.

> stay on the line = (전화상으로) 기다리다

A 감사합니다.

B No problem.

B Hello, Mr. Kim?

A 네, 아직 여기 있습니다.

B I will put you through.*

> put through = (전화) 연결하다

A 정말 감사합니다.

전화영어도 문제없죠? 물론 전화상이라 표정을 볼 수 없어 좀더 어렵긴 하지만 자꾸 해보면 별거 아닙니다.

부분을 영어로 생각해 보세요

A Hello, can I speak with Mr. Brown please?

B 죄송합니다만, 안 계시는데요.

A Will he be in the office later today?★

later today = 오늘 늦게

B 아니오, 죄송합니다만 하루 종일 사무실에 안 계실 거예요.

A Will he be in tomorrow?

B 유감스럽게도 출장 가셨어요.

B 전화하시는 분이 누구신지 물어 봐도 될까요?

A It's Mr. Kim calling about the meeting overseas next week.

A Is anyone taking over★ for him while he is away?

take over = 넘겨받다, 떠맡다

B 네, 그의 비서요.

A Is he available to speak★ with now?

available to speak = 이야기 하는 것이 가능한, 얘기할 수 있는

B 제가 확인하는 동안 기다려 주십시오.

A Thank you.

B 별 말씀을요.

B 여보세요, 김 과장님?

A Yes, I'm still here.

B 연결해 드리겠습니다.

A Thank you very much.

전화를 걸고 있는 당신의 모습을 상상하며
대화에 임해 보세요!!

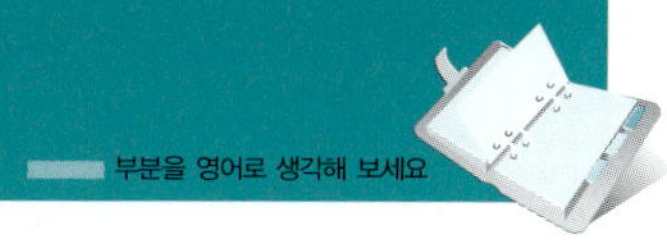

부분을 영어로 생각해 보세요

A 안녕하세요, 브라운 부장님 사무실의 질입니다.

B Hi, Jill.

A 전화 거시는 분이 누구시죠?

B Mr. Kim.

A 잠시만 기다려 주세요.

B Thank you.

A 김 과장님, 부장님은 지금 안 계십니다.

B Oh, that's too bad.★

> That's too bad. = 그거 너무 안 좋네요. (유감스러움을 표현)

A 제가 메시지를 받아 드릴까요?

B Yes.

A 용건이 무엇입니까?

B The Smith-Walker merger.★

> merger = (회사 등의) 합병, 합동

A 다시 말해 주시겠어요?

B The Smith-Walker merger.

A 급하신 일인가요?

B Yes, it is.

A 반드시 부장님께서 당신 메시지를 바로 받으시도록 하겠습니다, 김 과장님.

B Thanks, Jill.

이번에는 반대로 전화를 받는 사람이 당신이라고 생각하며
대화에 임해 보세요! 재미있죠? 전화하고 전화 받고!!!

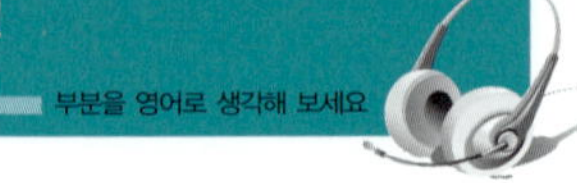

A Good afternoon, Mr. Brown's office. Jill speaking.★

B 안녕하세요, 질.

(이름) speaking. = (전화 받을 때) 저는 (누구) 입니다.

A Who's calling, please?

B 김 과장입니다.

A Please hold.★

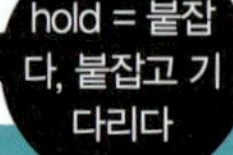

B 감사합니다.

A Mr. Kim, he's unavailable★ at this time.

be unavailable = (사람이) 없는, 부재중인

B 아, 그것 참 난감하네요.

A Can I take a message?

B 네.

A What's this call regarding?

B 스미스-워커 합병에 대한 것입니다.

A Can you repeat that please?

B 스미스-워커 합병.

A Is it urgent?★

urgent = 긴급한

B 네, 그렇습니다.

A I'll make sure he gets your message right away, Mr. Kim.★

B 고마워요, 질.

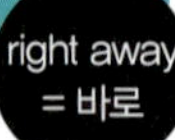

Must Pick-Up Expressions and Words

꼭 알고 넘어가야 하는 단어·표현들

- □ **unfortunately** 유감스럽게도, 불행히도
- □ **out of town on business** 일로 시내를 떠나다, 즉 출장가다
- □ **Can I ask who is calling?** 전화하는 분이 누구신지 여쭤 봐도 될까요?
- □ **executive assistant** 비서 (secretary 대신 이렇게 많이 쓰는데 직책에 대한 공손한 호칭 정도로 보면 된다.)
- □ **Stay on the line.** (전화상으로) 기다려 주세요.
- □ **I'm still here.** 나 아직 여기 있어., 아직 기다리고 있어.
- □ **later today** 오늘 늦게 (지금은 아니지만 '오늘 나중에' 란 의미)
- □ **It's (누구) calling about** ~일 때문에 전화했어요.
- □ **take over** 넘겨받다, 떠맡다
- □ **be away** 부재중이다, 자리에 없다
- □ **available to speak** 이야기할 수 있는
- □ **put through** (전화를) 연결하다
- □ **That's too bad.** 그거 너무 안 좋아요., 그거 안 좋은 상황이네요. (유감스러움을 표현할 때 쓰는 말)
- □ **merger** (회사 등의) 합병, 합동
- □ (이름) **speaking.** (전화 받을 때)저는 (누구) 입니다.
- □ **Please hold.** 잠시만 기다려 주세요.
- □ **be unavailable** (사람이) 없는, 부재중인
- □ **at this time** 지금, 현재
- □ **Can I take a message?** 제가 메시지를 받을까요?
- □ **urgent** 긴급한
- □ **right away** 바로

Jay's Coaching

처음에 저도 우리나라에서 영어를 배울 때 전화영어 하면 뭐 대단한 것이 있는 줄 알았습니다. 하지만 직접 해 보니 뭐 별거 없었습니다. 그냥 대화나 큰 차이가 없다는 말입니다. 예를 들어 This is Jay speaking. 등의 전화표현이 대화를 좌우하는 것이 아니더란 말입니다. 더 중요한 건 기본적인 말하기였습니다. 사실 당연한 일이지요. 우리말로도 일상대화가 되는 사람이라면 전화도 가능할 테니까요. 그러니까 전화에 너무 겁내지 마시고 과감하게 말해보세요! 별거 아니랍니다.

DAY-5 일차

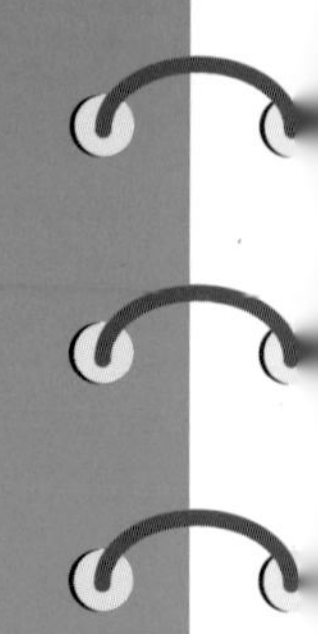

약속을 잡고 변경하고…
회사 일을 하다 보면 당연히 마주하게 되는 업무들입니다.
영어를 모른다고 언제까지나 옆자리 영어 잘하는 엄친아와 엄친딸에게 의존할 수는 없겠죠? 그런 의미에서 오늘은 약속을 잡는 대화를 해 볼 것입니다. 기억하세요!

우리는 독해를 공부하는 것이 아닙니다.

그러니까 제발 눈으로만 보며
"음, 훌륭한 문장이군… 해석이나 해 볼까?" 하지 마시고
반드시 우리말 부분은 영어로 바꿔 말해 보고
영문 부분은 따라서 소리 내어 말해 보셔야 합니다.
그래야 영어로 말하기 실력이 좋아지겠죠?
그럼 쉴새 없이 재잘재잘 떠들어 볼까요?

오늘은 미팅약속을 잡아도 보고 취소도 해 보고,
또 연기도 해 볼까요?

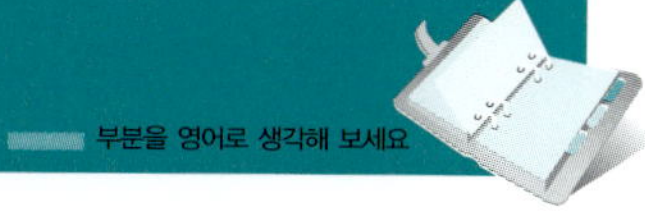

부분을 영어로 생각해 보세요

A 스미스 부장님 사무실입니다.

B Good morning, Jina.

A 오늘은 무엇을 도와드릴까요, 김 과장님?

B I need you to arrange* a meeting time for Ms. Smith and myself.

A 물론이죠. 언제로 생각하시는데요?

B I am free tomorrow anytime after 10 am.

arrange = 예정을 세우다, 정하다

A 스미스 부장님이 내일 가능하신지 제가 확인해 볼게요.

B If that doesn't work, I'm free all day Tuesday.

A 괜찮습니다. 무엇에 관한 미팅이시죠?

B To discuss the details* of the Smith-Walker merger.

detail = 세부사항

A 아··· 네!

B Can you book* the boardroom for us?

book = 예약하다

A 물론이죠, 김 과장님.

B And are Ms. Smith and I still on* for lunch this afternoon?

be still on = (계획/예정대로) 계속 진행되다

A 네, 예약은 2시로 확인되어 있습니다.

B Excellent, Jina.

A 또 다른 용건 있으십니까, 김 과장님?

B No, Jina. That's fine. Thank you.

이번에는 당신이 전화를 받는 여비서라는 생각으로
친절히 전화를 받고 스케줄을 확인해 봅시다!

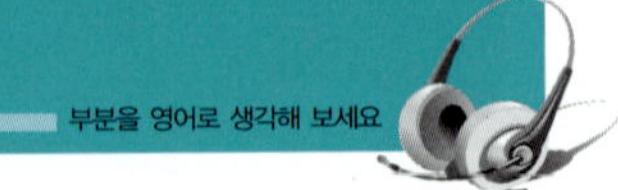

A Ms. Smith's office.

B 좋은 아침이에요, 지나.

A What can I do for you today, Mr. Kim?

B 스미스 부장님과 제가 가질 미팅시간을 잡아 줬으면 해요.

A Sure thing.* When were you thinking?

> Sure thing. = 물론이죠. (일반적인 sure와 같은 뜻)

B 내일 오전 10시 이후는 언제든지 시간이 돼요.

A Let me check Ms. Smith's availability for tomorrow.*

> availability = 가능성

B 그게 안 되면, 전 화요일 하루 종일 가능해요.

A It works fine. What is the meeting regarding?*

> regarding = ~에 관해서

B 스미스-워커 합병의 세부사항을 논의하려고요.

A Ahh... Yes!

B 우리를 위해 회의실을 예약해 줄 수 있어요?

A Certainly, Mr. Kim.

B 그리고 스미스 부장님과 나의 오늘 오후 점심약속은 그대로이죠?

A Yes, the reservation has been confirmed* for 2 o'clock.

B 아주 좋아요, 지나.

A Is there anything else, Mr. Kim?

B 아니오, 지나. 괜찮아요. 고마워요.

DAY - 5

약속을 변경하고 싶다면 이렇게 하면 됩니다!

▬ 부분을 영어로 생각해 보세요

A 안녕하세요, 스미스 부장님 사무실의 지나입니다.

B Hi, Jina.

A 안녕하세요, 김 과장님, 무엇을 도와드릴까요?

B I need to cancel my meeting this afternoon with Ms. Smith.

A 문제없습니다, 다시 시간을 잡을 수 있어요.

B I'll need to postpone* until next week.

> postpone = 연기하다

A 다음 주 언제가 편하신가요?

B Would 2 o'clock on Wednesday work for Ms. Smith?

A 스미스 부장님은 약속이 있으십니다.

B Okay. How about Thursday at 8 am?*

> How about ~? = ~는 어때요? (제안할 때)

A 그건 괜찮습니다. 약속을 잡아 드리겠습니다.

B Thanks, Jina.

A 제가 다음 주 월요일에 확인차 전화를 드릴게요.

B That would be great,* Jina.

> That would be great = 그거 좋겠네요. (상대방의 제안에 점잖게 긍정할 때)

A 변동사항이 생기면 알려 드릴게요.

B Great.

A 좋은 하루 되세요, 김 과장님.

B Same to you, Jina. Take care.

눈으로만 보는 것은 영어 말하기에 아무런 도움이 되지 않습니다.

반드시 소리 내어 말해 봐야 합니다!

부분을 영어로 생각해 보세요

A Good afternoon, Ms. Smith's office. Jina speaking.

B 안녕하세요, 지나.

A Hi, Mr. Kim. How can I help you?

B 오늘 오후 스미스 부장님과 저의 미팅을 취소해야겠어요.

A No problem. We can reschedule.*

reschedule = 일정을 다시 잡다

B 다음 주로 연기해야겠어요.

A When is convenient* next week?

convenient = 편리한

B 수요일 2시에 스미스 부장님이 가능하신가요?

A Ms. Smith is booked.

B 알겠어요, 그럼 목요일 오전 8시는 어때요?

A That works. Let me book that for you.

B 고마워요, 지나.

A I'll give you a call* to confirm next Monday.

give a call = 전화하다

B 그거 좋겠네요, 지나.

A If anything changes, I'll let you know.*

I'll let you know. = 내가 알려 줄게.

B 좋아요.

A Have a good day, Mr. Kim.

B 지나도요. 잘 있어요.

Must Pick-Up Expressions and Words

꼭 알고 넘어가야 하는 단어·표현들

- □ **arrange** (예정을) 세우다, 정하다 (arrange a meeting time 회의시간을 짜다)
- □ **If that doesn't work** 만약 그게 잘 안 되면
- □ **detail** 세부사항
- □ **book** 예약하다
- □ **boardroom** (이사회 등의) 회의실
- □ **be still on** (계획 혹은 예정대로) 계속되다
- □ **What can I do for you?** 제가 당신을 위해 무엇을 할까요? (May I help you?와 같은 의미로 "무엇을 도와드릴까요?"의 뉘앙스이다)
- □ **Sure thing.** 물론이죠. (일반적인 sure와 같은 뜻)
- □ **availability** 가능성
- □ **It works fine.** 그거 괜찮네요., 가능합니다. (상황에 따라 work(s)는 많은 의미로 해석된다.)
- □ **regarding** ~에 관해서
- □ **reservation** 예약
- □ **confirm** 확인하다
- □ **Anything else?** 또 다른 게 있습니까?
- □ **postpone** 연기하다
- □ **How about ~?** ~는 어때요? (제안할 때)
- □ **That would be great.** 그거 좋겠네요. (상대방의 제안에 점잖게 긍정할 때)
- □ **Take care.** 잘 지내요., 잘 있어요.
- □ **How can I help you?** 제가 어떻게 도와드릴까요?
- □ **reschedule** 일정을 다시 잡다
- □ **convenient** 편리한
- □ **give a call** 전화하다 (I'll give you a call. 내가 전화할게.)
- □ **I'll let you know.** 나는 네가 알도록 허락할 것이다. 즉, 내가 너에게 알려 줄게.

Jay's Coaching

많은 분들이 영어발음은 어떻게 해야 할지 궁금해 합니다. 이와 관련된 문의 이메일도 참 많이 받고요. 물론 특강을 하다가도 종종 받는 질문이기도 합니다. 방법은 매우 간단합니다. 원어민의 발음, 즉 CD나 MP3를 듣고 성대모사하는 것입니다. 똑같이 성대모사를 하다 보면 어느새 발음이 좋아져 있는 자신을 발견하고 놀라게 될 것입니다. 어떠세요? 한번 해 보지 않으실래요? 연예인 성대모사도 좋지만 영어 성대모사는 당신의 영어 실력과 몸값을 올려 줄 것입니다.

DAY-6 일차

바이어가 공항에 도착했다고 빨리 나가 보라는 상사의 지시,
많이 두려우셨죠? 영어 좀 한다고 뻥치고 입사했는데… ㅠㅠ
물론 공항 마중쯤이야 하고 자신 있게 가시는 분들도 계시겠지만,
대부분의 경우 이 시간이 너무나 두렵다고들 하십니다.
하지만 걱정 마세요! 〈3030 English〉를 통해
먼저 예행 연습을 해 본다면 그깟 바이어 마중도 별거 아니니까요.
바이어 마중에 뭐 특별한 표현이 있냐고요?
딱히 특별한 건 없습니다.
그저 공손하게 또 진심을 다해 말한다면 마음이
통해 비즈니스도 쉽게 풀릴 것입니다.
자, 그럼 진심을 다해 바이어 마중에 임해 볼까요?

공항에서 거래처 직원을 마중 나가 처음 만나는 상황입니다.
만남에서 호텔까지 안내하는 상황을 연습해 볼까요?

부분을 영어로 생각해 보세요

A 한국에 오신 걸 환영합니다, 머피 씨.

B Hello. It's nice to put a face to the name.★

> put a face to the name. = (전화나 이메일로만 연락하다가) 얼굴을 보다

A 뉴욕에서 오시는 비행기 여행은 어떠셨습니까?

B Very good.

A 모든 것이 순조로웠다니 다행입니다.

B Thank Alice for making the arrangements.

A 우리 대리들 중 한 명이 당신의 짐 옮기는 것을 도와줄 겁니다.

B That would be nice. Thank you.

A 호텔로 모실 테니 좀 쉬도록 하시죠.

B Great.

A 여기 일주일 동안의 일정표예요.

B Looks good.

A 회사 간부들과 하루 동안 관광하는 날이 있을 거예요.

B Great. I'm looking forward to some face time★ with them.

> face time = 얼굴을 보는 시간, 만나는 시간

A 저희 회사와의 저녁식사는 9시에 있을 것입니다.

B What is the dress code?★

> dress code = (특정 장소에서의) 복장 규정

A 간편한 정장이면 괜찮을 거예요.

B I look forward to doing business with you, Ms. Lee.

이번에는 당신이 공항에 막 도착한 바이어라는 생각으로
대화에 임해 보세요!

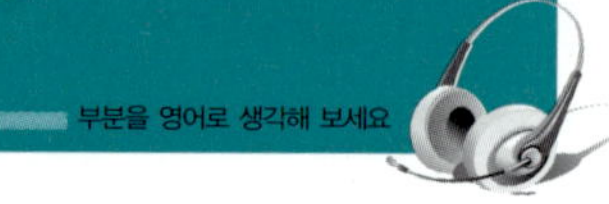

A Welcome to Korea, Mr. Murphy.

B 안녕하세요. 직접 뵙게 되어 반갑습니다.

A How was the flight* from New York?

flight = 비행, 비행기 여행

B 매우 좋았습니다.

A Glad to hear everything went smoothly.*

everything goes smoothly = 모든 것이 순조롭게 되다

B 준비해 주어서 앨리스에게 고마울 뿐이죠.

A One of our assistants will help you with your luggage.

B 그거 좋겠네요, 고마워요.

A We will take you to the hotel and let you get some rest.

B 좋아요.

A Here is the itinerary* for the week.

itinerary = 일정표 (특히 방문지 일정)

B 좋아 보이는군요.

A You will have a day of sightseeing with the heads from corporate.*

heads from corporate = 회사 간부들

B 좋아요, 저는 그분들과 만나는 시간을 기대하고 있습니다.

A Dinner with our company will be at 9 o'clock.

B 복장규정은 어떻게 됩니까?

A Business casual should be fine.*

business casual = 평상 근무복 (세미정장 정도)

B 당신과 함께 일하기를 기대하겠습니다, 이 과장.

바이어 마중 나가는 것도 이젠 더 이상 두렵지 않겠죠?

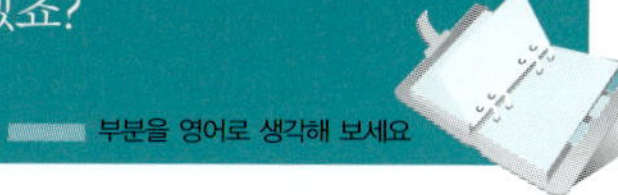

A 한국에 오신 걸 환영합니다, 슐츠 이사님.

B It's wonderful to finally be here!

A 독일에서 오시는 비행기 여행은 어떠셨습니까?

B Good considering.*

considering = 그런대로, 비교적

A 매우 피곤하실 테니 제가 호텔로 모시겠습니다.

B Yes, I am a wee bit* jet lagged, I think.

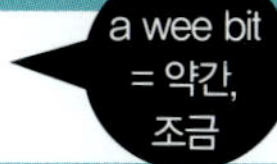

A 일단 휴식을 취하고 나시면 미팅을 시작하겠습니다.

B I will need some rest to negotiate efficiently!

A 독일 사무실에 당신이 잘 도착했다는 것을 알려 드리겠습니다.

B That would be lovely.

A 호텔로 모시기 전에 뭐 필요한 것 있으신가요?

B No, thank you. Will Mr. Smith join us for dinner?

A 네. 그가 당신에게 내일 미팅 전에 모든 최신 정보를 알려 줄 거예요.

B Excellent.

A 짐을 찾는 즉시 호텔로 모시겠습니다.

B Great, thank you.

A 당신과 함께 일하게 되어 기쁩니다, 이사님.

B Same to you,* Ms. Lee.

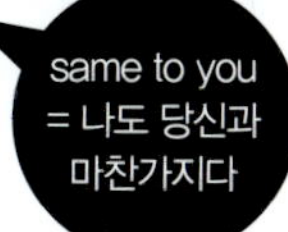

공부하지 말고 말해야 합니다.

소리 내어 말한 만큼 영어는 되게 되어 있습니다.

A Welcome to Korea, Mr. Schultz.

B 마침내 이곳에 오게 되어 정말 좋군요!

A How was your flight from Germany?

B 비교적 좋았습니다.

A You are probably very tired, so I'll take you to the hotel.

B 네, 시차로 좀 피로가 있는 것 같아요.

A Once★ you have rested, we will begin meetings.

once = 일단 ~하면

B 저도 효율적으로 협상하기 위해 휴식이 좀 필요해요!

A We'll let your office in Germany know you've arrived safely.

B 그게 좋겠군요.

A Is there anything you need before we take you to the hotel?

B 고맙지만, 없어요. 스미스 부장님이 저녁식사에 합류하실 건가요?

A Yes. He'll bring you up to date★ on everything before the meeting tomorrow.

bring (누구) up to date = ~에게 최신 정보를 주다

B 좋습니다.

A We'll take you to the hotel once we get your luggage.

B 좋아요, 감사합니다.

A It's a pleasure to be doing business with you, sir.★

It's a pleasure to ~ = ~하게 돼서 기쁩니다

B 저도 마찬가지예요, 이 과장.

Must Pick-Up Expressions and Words

꼭 알고 넘어가야 하는 단어·표현들

- □ **It's nice to put a face to the name.** 마침내 얼굴을 보게 되어 반갑습니다. (비즈니스 관계에서 전화상이나 온라인상으로 연락을 한 적은 있지만 얼굴은 처음 보게 되는 상황일 때 쓰는 표현)
- □ **make the arrangement** 채비하다, 준비를 하다 (대화에서는 비행기 예약을 잡아 준 것을 말함)
- □ **face time** 얼굴을 보는 시간, 만나는 시간
- □ **dress code** 드레스 코드, (특정한 장소에서의) 복장 규정
- □ **How was the flight?** 비행기 여행은 어떠셨습니까?
- □ **everything goes smoothly** 모든 것이 순조롭게 되어 가다
- □ **assistant** 우리나라로 볼 때 대리급을 뜻한다. ('보조자, 조수' 등의 뜻)
- □ **help you with your luggage** 당신의 짐을 (옮기는 것을) 도와주다
- □ **itinerary** 일정표 (특히 방문지 일정)
- □ **sightseeing** 관광
- □ **heads from corporate** 회사 간부들
- □ **business casual** 평상 근무복 (세미정장)
- □ **considering** 그런대로, 비교적
- □ **a wee bit** 약간, 조금 (= a little bit)
- □ **jet lagged** 시차로 인해 피곤한
- □ **negotiate** 협상하다
- □ **efficiently** 능률적으로, 효율적으로
- □ **same to you** 당신과 마찬가지다, (마찬가지로 생각한다)
- □ **once you have rested** 네가 좀 쉬고 나서
- □ **bring (누구) up to date** ~에게 최신 정보를 주다
- □ **It's a pleasure to** ~하게 되서 기쁩니다 (점잖고 예의 있는 표현)

Jay's Coaching

대부분의 독자분들은 〈3030 English〉의 학습법이 쉽고 재미있다고 그냥 잘 따라오십니다. 그런데 간혹 "너무 어렵다… 입이 떨어지질 않는다"라고 하시는 분들이 있습니다. 이 분들에게 제가 드리는 처방은 항상 똑같습니다. 첫째, 떨어지기 어려운 입을 그냥 확 열어라! 둘째, 책의 내용을 외울 수 있을 때까지 듣고 말하기를 반복하라! 셋째, 절대 포기하지 마라! 자꾸 따라서 혹은 우리말을 영어로 바꿔서 말하다 보면 영어가 자연스럽게 나오기 시작할 것입니다.

DAY-7 일차

공항에 바이어를 마중 나갔더니,
사장님이 아예 이번 바이어 계약건을 맡으라고 합니다.
어떻게 하시겠습니까? 도망가 버릴까요?
NO! NO! 그럴 필요 없습니다. 한번 부딪쳐 보자고요.
7일차에서는 바이어에게 회사를 소개하는 시간을 가져 볼 겁니다.
먼저 책의 내용대로 말해 보시고 나서 두 번째 하실 때는 정말
자기 자신의 회사 정보를 직접 넣어 소개해 보세요.
어떠세요? **글로벌 시대에 자신이 다니는 회사에
대한 설명쯤은 영어로 할 수 있어야겠죠?**
그럼 입 밖으로 소리 내어 회사 소개를 해 보아요.
설마 아직도 눈으로만
책을 열심히 읽고 계신 분이 있는 건 아니죠?

자신의 회사에 대한 소개 및 그에 따른 질문에
대답하기 위해서는 사전에 공부를 많이 해둬야겠네요.

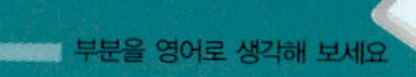

A 머피 씨, 저는 회사의 몇몇 기본 사항을 말하는 것으로 시작하고 싶습니다.

B Ready when you are.

A 저희 회사는 1997년에 설립되었습니다.

B Where was the first head office?

A 서울입니다. 그런 이유로 당신을 여기로 초대했지요.

B Is this office's headquarters?

A 네, 하지만 또다른 2개의 주요 사무소가 시애틀과 마이애미에 있습니다.

B Mr. Kim built the company from the ground up★ all by himself.

> from the ground up = 밑바닥부터 끝까지

A 언제 회사가 처음 코스닥에 상장되었습니까?

B 2001.

A 회사가 번창하는 데 오랜 시간이 걸리지 않았군요.

B Not after Mr. Kim went into★ partnership with our major buyers in 1999.

> go into = (어떤 상태에) 들어가다, 참가하다

A 그리고 이 시점이 순이익이 두 배 이상 늘어난 때죠?

B Yes, that is correct.

A 굉장하군요.

B Our projected net income★ in the next 5 years is quite impressive.

> net income = 순이익

A 계속 말씀하세요, 박 과장. 귀 기울이고 있습니다.

B We are also planning to list our stock on Nasdaq this year.

회사에 대해서 우리말로 하기도 어려운데, 영어로 어떻게 하냐고요?
글로벌시대에 영어로 회사소개 정도는 당연한 거 아닌가요?

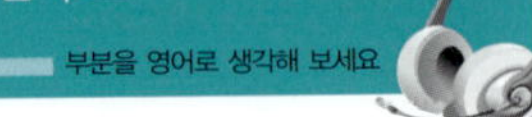

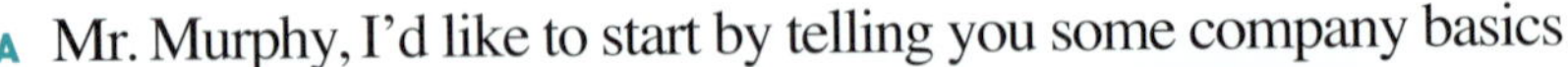

A Mr. Murphy, I'd like to start by telling you some company basics.

B 준비되면 시작하세요.

A Our company was established★ in 1997.

> establish = 설립하다, 세우다

B 최초의 본사는 어디에 있었나요?

A Seoul, which is why★ we invited you here.

> which is why = 그래서, 그런 이유로

B 이 사무실이 본사입니까?

A Yes, but we have two other major offices in Seattle and Miami.

B 김 사장님는 이 회사를 홀로 밑바닥부터 일으키셨습니다.

A When was the company first listed on★ Kosdaq?

> be listed on = (주식) 상장되다, 목록에 오르다

B 2001년입니다.

A It didn't take long for the company to flourish.

B 김 사장님이 우리의 주요 바이어들과 1999년에 제휴를 맺은 후론 오래 걸리지 않았습니다.

A And this is when the net income more than doubled?★

> double = 두 배가 되다

B 네, 맞습니다.

A That's fantastic.

B 앞으로 5년 동안 예상된 우리의 순이익은 상당히 인상적입니다.

A Keep talking, Ms. Park. I am all ears.★

> I'm all ears. = 잘 들어 볼게., 주목하고 있어.

B 우리는 또한 올해 나스닥에 주식을 상장할 계획을 하고 있습니다.

DAY - 7

자신 있게 설명하고 계신가요?

바이어를 당신 회사의 팬으로 만드세요!

▬▬ 부분을 영어로 생각해 보세요

A 당신 회사의 목표는 무엇입니까?

B We have many.

A 이를테면요?

B Most importantly, to conduct* business ethically.

conduct = 집행하다, 처리하다

A 고객서비스에 대해서는 어떤 입장입니까?

B It's one of our top priorities,* keeping our clients happy.

priority = 우선사항

A 고객들의 성공이 당신들에게 중요한가요?

B If they're not happy, we're not happy.

A 경쟁에는 어떻게 대처하십니까?

B We try to stay one step ahead,* so we never have to.

one step ahead = 한발 앞서서

A 직원의 만족은 어떻게 책임지십니까?

B Our management culture is flexible and realistic.

A 고객과 직원의 만족은 똑같이 중요합니까?

B Yes, we are committed to* both our customers and employees.

committed to = ~에 전념하는, 헌신적인

A 당신 회사는 자기계발을 권장합니까?

B Yes, employees are encouraged.

A 당신 회사는 견실한 기초가 있는 것 같군요.

B We recognize and maximize every opportunity.

영어로 자신 있게 당신 회사를 소개할 생각만 해도
가슴이 두근거리지 않으시나요?

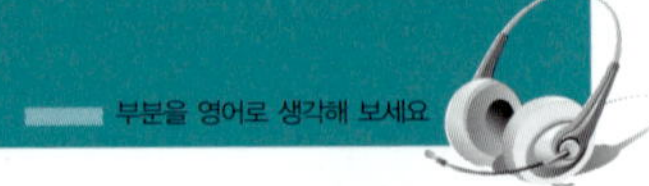

A What are some of your company objectives?★

B 우리는 (목표를) 많이 가지고 있습니다.

objective = 목표, 목적

A Such as?

B 가장 중요한 것은 윤리적으로 사업을 해나가는 것입니다.

A Where do you stand on customer service?

B 우리의 가장 중요한 우선순위 중 하나가 고객을 기쁘게 하는 것입니다.

A The success of your clients concerns you?

B 그들이 기쁘지 않다면, 우리도 기쁘지 않습니다.

deal with = ~을 다루다, 처리하다

A How do you deal with★ the competition?

B 우리는 한발 앞서 있으려고 노력하니 절대 (경쟁을) 할 필요가 없지요.

A How do you ensure★ employee satisfaction?

ensure = ~을 책임지다, 보장하다

B 우리의 경영문화는 융통성 있고 현실적입니다.

A Is customer and employee satisfaction equally important?

B 네, 우리는 고객들과 직원들 양쪽 모두에 전념하고 있습니다.

A Do you encourage self-improvement?

B 네, 권장하고 있습니다.

A It sounds like you have a good sound base.★

B 우리는 모든 기회를 인식하고 최대한 활용합니다.

sound base = 견실한 기초

Must Pick-Up Expressions and Words

꼭 알고 넘어가야 하는 단어·표현들

- **Ready when you are** 당신만 준비되어 있으면 전 괜찮아요., 전 (준비되어 있으니) 언제든지 괜찮아요.
- **head office** 본사
- **headquarters** 본사
- **from the ground up** 밑바닥부터 끝까지
- **by oneself** 스스로, 혼자서
- **go into** (어떤 상태에) 들어가다, 참가하다
- **net income** 순이익
- **list stock** 주식을 상장시키다
- **establish** 설립하다, 수립하다, 세우다
- **which is why** 그래서, 그런 이유로
- **major** 중요한, 주요한
- **be listed on** (주식) 상장되다, (목록에) 이름이 오르다, 기록되다
- **flourish** 번영하다, 활약하다
- **more than double** 두 배 이상이 되다
- **I'm all ears.** 잘 들어 볼게, 주목하고 있어. (모든 신경이 귀에 쏠려 있는 상태)
- **conduct** 집행하다, 처리 · 경영 · 관리하다
- **ethically** 윤리적으로, 도덕적으로
- **priority** 우선사항, 보다 중요함
- **keep (someone) happy** 누군가를 계속 행복하게 하다
- **one step ahead** 한발 앞서서
- **management culture** 경영문화
- **flexible** 융통성 있는
- **realistic** 현실적인
- **committed to** ~에 전념하는, 헌신적인
- **objective** 목표, 목적
- **such as** ~와 같은, 이를테면
- **Where do you stand?** 어디에 서 있습니까? 즉, 어떤 입장에 서 있습니까?
- **deal with** ~을 다루다, 처리하다
- **ensure** ~을 책임지다, 보장하다, 확보하다
- **sound base** 견실한 기초, 건강한 기본

Jay's Coaching

영어를 잘하는 방법은 딱 하나입니다. 이젠 뭔지 말 안 해도 다들 아시죠? 그건 바로 말하기입니다. 영어 말하기 책이 시중에 참 많이 있습니다. 그런데, 정말 여러분의 입을 열게 해 주는 책은 많지 않은 것 같습니다. 그래서 제가 있지 않습니까? 강제로 입을 팍팍 열어 주는 Jay! 네, 입을 반드시 여셔야 합니다. 그래야 영어가 되니까요. 그럼 또 8일차로 가서 입을 팍팍 열어 볼까요?

DAY-8 일차

오늘 8일차에서는 제품을 소개하는 대화를 해 보도록 하겠습니다.
당신 회사의 제품이 대화에 나오는 제품과 다르다고 걱정 마세요!
그냥 제품 이름 정도만 바꿔 말하면 되니까요.
어떠세요? 하루하루 진행될수록 점점 영어에 대한
자신감이 막 솟아나나요? 혹시 어려워서 좌절하고 계신 분들은
기초가 부족해서 그럴 수도 있으니
〈3030 English〉 1탄, 2탄, 실전대화편 중
본인 수준에 맞는 책을 먼저 보신 후
돌아오시는 것도 좋은 방법일 듯 싶습니다.

회사 소개를 한 다음에는 당연히 회사 제품에 대한 소개를 해야겠죠?
자신 있게 해보자고요. 그래서 대량 주문을 수주해 보자고요!!!

부분을 영어로 생각해 보세요

A 귀사의 제품에 대해 말씀해 주세요, 김 과장님.

B As the prospective★ buyer we want you to be happy.

prospective = 장래의, 기대되는

A 우리가 왜 구매해야 하는지 말씀해 주세요.

B We've worked out a great deal with our suppliers.

A 어떻게요?

B We are getting our raw materials★ below market price.

raw material = 원자재

A 그래서 우리에게 좋은 가격으로 팔 건가요?

B Below market price.

A 우리가 다시 팔아 큰 수익을 낼 수 있다는 것처럼 들리는군요.

B We made it into *Consumer Reports* magazine last year.

A 그래서 당신네 제품에 크게 열광한단 말인가요?

B Yes, sales have increased two-fold★ since.

two-fold = 2배의, 이중의

A 그렇군요.

B The Japanese are crazy for★ our automotive technology.

crazy for = ~에 열광하는

A 그러면 우리는 자동적으로 일본 고객들이 생기겠네요?

B Exactly.

A 제조부터 시장에 나오기까지 얼마나 걸리나요?

B To be safe,★ I would say a month.

to be safe = 안전하게, 조심해서

이렇게 설명을 잘한다면 회사의 해외 영업은
다 당신 차지가 되지 않을까요?

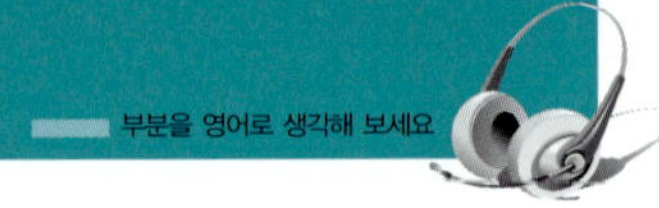

A Tell me about your product, Mr. Kim.

B 우리는 장래의 구매자로서 당신이 흡족하시기를 바랍니다.

A Tell me why we should buy.

B 우리는 공급업체들과 훌륭한 거래를 맺었습니다.

A In what way?*

In what way? = 어떨게요?, 어떤 점에서요?

B 우리는 원자재를 시장가격보다 낮게 구매하고 있죠.

A So you will sell to us at a good price?

B 시장가격보다 낮게 말입니다.

resell = 다시 팔다

A Sounds like we can resell* and make a good profit.

B 우리는 작년에 "소비자 리포트" 지에도 나왔습니다.

A So there is a serious buzz* around your product?

B 네, 그 이후로 매출이 2배로 증가했습니다.

A I see that.

B 일본인들은 우리의 자동차 기술에 열광하고 있습니다.

A We will automatically have the Japanese as clients* then?

B 맞습니다.

A How long from manufacturing to the market?

B 넉넉잡아 한 달이라고 하겠습니다.

언제 당신 회사의 제품을 영어로 소개하게 될지 모릅니다.

지금부터 미리 준비하세요!

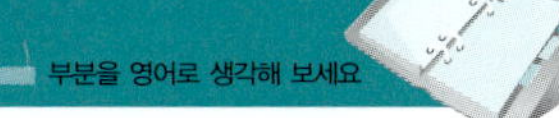

A 경쟁은 어때 보입니까?

B Well, we are neck and neck with the Germans.*

neck and neck = 막상막하의, 동등한

A 당신들의 제품이 어떻게 더 낫습니까?

B Our product is ready now!

A 견본이 있다는 말인가요?

B No! Our products are ready to be out in the market.

A 와! 그거 정말 놀랍군요.

B Let's just say we're expecting net profit of 10 billion dollars.

A 중국에서는 관심이 있나요?

B No, but we supply to most major factories in the US.

A 일본의 대부분에도 공급합니까?

B Yes, we supply to almost everywhere.*

almost everywhere = 거의 모든 곳에

A 주요 투자자들은 어떻습니까?

B We were listed in the top 100 last fall in KSE.*

Korea Stock Exchange = 한국 증권 거래소

A 굉장히 흥미롭네요.

B We can draw up* a contract if you like.

draw up = (계약서 등을) 작성하다, (계획 등을) 입안하다

A 회사와 이야기해야 할 것 같습니다.

B Take all the time you need.

자꾸 말해 보니 제품 설명도 별거 아니죠?
영어로 자꾸 말해 보세요! 그럼 영어가 점점 쉬워질 것입니다.

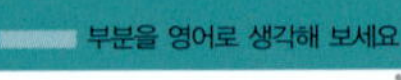

A What does the competition look like?

B 음, 우리는 독일제품과 막상막하입니다.

A How is your product better?

B 우리 제품은 지금 준비가 되어 있습니다!

A Do you mean you have a prototype?★

prototype = 견본

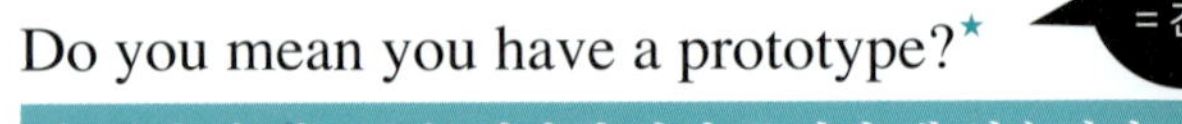

B 아뇨! 우리 제품들은 시장에 나갈 준비가 돼 있습니다.

A Wow! That's just amazing.★

amazing = 놀라운

B 우리는 100억 달러의 순익을 기대하고 있다고 말해 두겠습니다.

A Any interest from the Chinese?

B 없습니다. 하지만 우리는 미국의 주요 공장들 대부분에 공급합니다.

A Do you supply★ to most of Japan?

supply = 공급하다

B 네, 우리는 거의 모든 곳에 공급하고 있습니다.

A What about major investors?

B 우리는 지난 가을 한국 증권 거래소에서 상위 100위 안에 들었습니다.

A I'm quite interested.

B 좋으시면 우리는 계약서를 작성할 수 있습니다.

A I'll need to speak with corporate.★

corporate = 법인, 회사

B 천천히 생각해 보세요.

Must Pick-Up Expressions and Words

꼭 알고 넘어가야 하는 단어·표현들

- □ **prospective** 장래의, 기대되는, 가망이 있는, 예기되는
- □ **work out** (계획 등이) 잘 되어가다, 만들다, 만들어 내다
- □ **supplier** 공급업체(자)
- □ **raw material** 원자재, 원재료
- □ **below** ~의 아래에, 이하의, 밑에
- □ **market price** 시장가격
- □ **make it** 성공하다, 해내다
- □ **two-fold** 2배의, 이중의
- □ **crazy for** ~에 열광하는
- □ **automotive technology** 자동차 기술
- □ **to be safe** 안전하게, 조심해서
- □ **In what way** 어떻게요? 어떤 점에서요?
- □ **resell** 다시 팔다, 전매하다
- □ **serious** 진지한, 대단한
- □ **buzz** 열광
- □ **I see that.** 알아요., 알겠어요., 그렇군요.
- □ **client** 고객
- □ **from manufacturing to the market** 제조에서부터 시장에 나오기까지
- □ **neck and neck** 막상막하의, 동등한
- □ **Let's just say ~** 그냥 ~라고 말해 두죠.
- □ **net profit** 순이익
- □ **almost everywhere** 거의 모든 곳에
- □ **KSE**(= Korea Stock Exchange) 한국 증권거래소
- □ **draw up** (계약서 등을) 작성하다, (계획 등을) 입안하다
- □ **take all the time you need** 필요한 만큼 시간을 가지다, 천천히 생각해 보다
- □ **prototype** 견본
- □ **amazing** 놀라운
- □ **supply** 공급하다
- □ **investor** 투자자
- □ **I'm quite interested.** 상당히 흥미롭네요, 저는 (거기에) 꽤 관심이 있습니다
- □ **corporate** 법인, 회사

Jay's Coaching

〈3030 English〉 시리즈는 1편/2편 그리고 실전대화편 거기다 데이트편까지 다양하게 레벨별로 나와 있습니다. 만약 지금 이 책이 어려우신 분들은 1, 2편 혹은 실전대화편을 먼저 보셔야 할 것 같네요. 적당하거나 쉬우신 분들은 데이트 편(문장 말하기가 아닌 문단 말하기)를 이어서 보시는 것이 좋을 것 같습니다. 레벨별로 영어를 정복하는 그날까지 쉬지 말고 열심히 소리 내어 말해 보세요! 벌써 영어 정복했다고 감사메일을 Jay에게 보내신 분들도 수두룩하니까요. 그날을 기대하며 포기하지 말고 파이팅!!!

DAY-9 일차

바이어와의 긴 하루 끝에 맛있는 식사와 좋은 술로 마무리한다면
좋은 인상을 남길 수 있겠죠?
그런데 영어가 안 되면 식사시간이 바이어에게나 당신에게나
너무 지루하게 느껴질 것입니다. 자신 없다면 걱정 마세요!
그냥 9일차를 따라서 말해 보면 곧 익숙해질 테니까요.
그리고 기억하세요!

기본적인 식사 매너는 지켜야 합니다.

그중에 우리나라 사람들이 잘 모르는 게 한두 가지 있는데
그건 바로 음식을 먹을 때 입을 꼭 다물고 씹어야 한다는 것과
먹으면서 말하면 안 된다는 것입니다.
그럼 바이어와 식사하며 친근하게 대화에 임해 볼까요?

비즈니스의 연장이라 할 수 있는 식사접대 상황입니다.
이번 상황은 익숙하니까 자신 있게 설명할 수 있을 거예요. ㅋㅋ

A 당신이 우리와 저녁을 함께할 수 있어서 기쁩니다, 브라운 씨.

B It's my pleasure,* Mr. Kim.

It's my pleasure. = 오히려 제가 기쁩니다.

A 우리는 한국음식이 알맞다고 생각했습니다.

B Certainly.

A 예전에 한식을 드셔 보신 적 있습니까, 브라운 씨?

B No, this will be my first time!

A 바닥에 앉기 위한 방석입니다.

B Thank you.

A 바비큐로 돼지고기를 선호하십니까, 아니면 쇠고기를 선호하십니까?

B I'm not picky.*

picky = 까다로운

A 그러면 돼지고기로 시작하겠습니다.

B Sounds delicious.

A 여기 당신 젓가락이 있습니다.

B I've never eaten with chopsticks* before.

chopsticks = 젓가락

A 밥 드시려면 숟가락도 필요하실 거예요.

B Many utensils!*

utensil = 도구, 기구 (특히 부엌용품)

A 이것은 우리 반찬들이에요.

B The crab looks great.

항상 그렇듯 인간관계가 가장 중요합니다. 같이 비즈니스 하고 싶은 인상을 심어 줄 수 있도록 매너 있게 식사에 임해 볼까요?

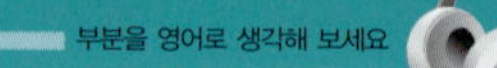

A Glad you could join us for dinner, Ms. Brown.

B 오히려 제가 영광이죠, 김 과장.

A We thought Korean food was suiting.*

suit = 어울리다, 적합하다

B 물론이죠.

A Have you eaten Korean food before, Ms. Brown?

B 아니오, 이번이 처음이에요!

A Here is a cushion* for sitting on the floor.

cushion = 쿠션, 방석

B 감사합니다.

A Would you prefer* pork or beef on the BBQ?

prefer = ~을 선호하다, ~을 더 좋아하다

B 전 까다롭지 않아요.

A We will start with pork then.

B 맛있겠네요.

A Here are your chopsticks.

B 전 젓가락으로 먹어 본 적이 없어요.

A You will also need a spoon for your rice.

B 도구가 많군요!

A These are our side dishes.*

B 게가 맛있어 보이는군요.

식사와 술, 세계 어느 나라를 가도 저녁식사의 기본입니다.
너무 취하지 않게 매너를 지키며 우리 술에 대해 소개 좀 해 볼까요?

부분을 영어로 생각해 보세요

A 우리는 보통 고기와 함께 소주를 마십니다.

B What does it taste like?

A 매우 독해요, 브라운 씨. 조심하세요!

B I drink scotch. I'm sure I'll be fine.

A 저녁식사 후에 우리는 스미스 부장님을 만나 술을 마실 거예요.

B What are some traditional* Korean drinks?

> traditional = 전통적인

A 우리는 막걸리와 소주를 많이 마셔요.

B What time will Ms. Smith join us?

A 10시에 만날 거예요.

B I'm looking forward to having a scotch with her.

A 스미스 부장님도 확실히 스카치를 좋아하십니다.

B We should get along* just fine then!

> get along = 사이좋게 지내다, 잘 해 나가다

A 여기 소맥 좀 마셔 보세요. 맥주와 소주를 섞은 거예요.

B That sounds terrible,* but I will try it.

> sound terrible = 끔찍하게 들리다, 좋게는 안 들리다

A 아주 좋아요.

B Yes, it's actually not too bad!

A 제가 한잔 더 따라 드릴게요.

B Thank you, Mr. Kim.

진짜 당신이 접대에 임한다는 생각으로 정신 바짝 차리고 말하고 있나요?
반드시 소리 내어 말해 봐야 합니다.

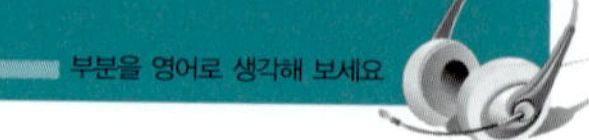

A We usually drink soju with our meat.

B 그것은 무슨 맛인가요?

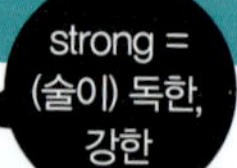

A It is very strong,* Ms. Brown. Please be careful!

B 전 스카치도 마셔요. 분명히 괜찮을 거예요.

A After our dinner, we will meet Ms. Smith for drinks.*

B 전통적인 한국 술은 무엇이 있습니까?

A We drink a lot of rice wine and soju.

B 몇 시에 스미스 부장님이 우리와 합류하시나요?

A We will meet her at 10 o'clock.

B 전 그분과 함께 스카치를 마시길 기대하고 있습니다.

A Ms. Smith definitely likes her scotch.

B 그렇담 우린 서로 잘 지낼 수 있겠군요!

A Here, try some somak. It is beer and soju together.

B 끔찍하게 들리네요. 하지만 시도해 볼게요.

A It is very good.

B 네, 사실 꽤 괜찮네요!

A Let me pour* you another.

pour = 따르다, 쏟다, 붓다

B 고마워요, 김 과장.

Must Pick-Up Expressions and Words

꼭 알고 넘어가야 하는 단어·표현들

- □ **It's my pleasure.** 오히려 제가 기쁩니다., 영광입니다.(누군가 감사의 표현을 했을 때 You're welcome.과 마찬가지로 사용할 수 있다.)
- □ **Certainly.** 물론입니다, 그렇고 말고요 (sure보다는 좀 더 격식을 갖춘 대답)
- □ **picky** 까다로운
- □ **chopsticks** 젓가락
- □ **utensil** 도구, 기구 (특히 부엌용품)
- □ **suit** 어울리다, 적합하다
- □ **cushion** 쿠션, 방석
- □ **prefer** ~을 선호하다, ~을 더 좋아하다
- □ **pork** 돼지고기
- □ **side dish** (한식에서는) 반찬
- □ **What does it taste like?** 맛이 어때요?, 무슨 맛이에요?
- □ **scotch** 스카치 (스코틀랜드에서 만들어진 위스키)
- □ **I'm sure ~** 난 ~을 확신해.
- □ **get along** 잘 지내다, 사이좋게 지내다, 진척되다, ~와 잘 해나가다
- □ **Sounds terrible.** 참 끔찍하게 들리네요., 좋게는 안 들리네요.
- □ **strong** (술이) 독한, 강한
- □ **for drinks** 술 마시러
- □ **rice wine** 막걸리
- □ **pour** (액체 종류를) 따르다, 쏟다, 붓다
- □ **Let me pour you another.** 한 잔 더 따라 드릴게요.

Jay's Coaching

우리는 2차 3차는 접대의 기본으로 인식하고 있습니다. 하지만 서양권에서는 이런 2차 3차 개념이 흔하지 않다는 것을 알아 두셔야 합니다. 특히 비즈니스에서는 더욱 그렇지요. 무턱대고 바이어 기분 좋게 해 준다고 2차 3차까지 질질 끌고 다니면 당신을 프로페셔널하지 않다고 생각하게 되어 오히려 비즈니스에 마이너스가 될 수 있음을 기억하세요! 가볍게 식사에 반주 정도로 생각하는 게 오히려 바이어들에게 더 좋은 인상을 줄 수 있습니다! 무턱대고 우리식으로 2차 3차까지 가면 오히려 실례가 될 수 있지요.

DAY-10 일차

자! 요즘 자주 뉴스에 나오는 기사가 있습니다.
그건 바로 "대기업 영어로 회의 불가능한 직원은 퇴출" 이란 기사인데…
얼핏 봐도 등골이 오싹해집니다. 하지만 어쩔 수 있나요?
하라면 해야죠. 그리고 Jay가 있잖아요? 제가 도와드리겠습니다.
10일차와 11일차는 회의의 연속인데 한번 열심히 따라와 보세요~
물론 말하면서 따라오셔야겠죠?
눈으로만 보는 것은 〈3030 English〉 에서는 OUT!!! 입니다.
말해 보지 않는다면 이 책은 아무런 필요가 없습니다.
자, 그럼 회의 중에 의견도 내어 보고 동의도 해 볼까요?
신나게 재잘거려 보자고요.

상사와 동료, 모두가 함께하는 회의시간입니다.
열심히 공부해서 당신도 당당히 자신의 의견을 말해 봅시다!

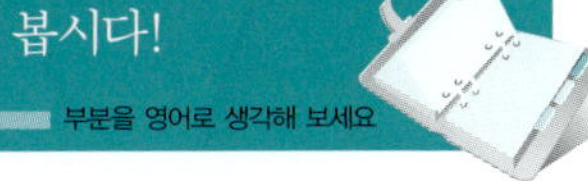

▬ 부분을 영어로 생각해 보세요

A 오늘 회의에 환영합니다, 팀원 여러분.

B Good morning, Ms. Smith.

A 이 회의는 짧게 하겠습니다.

B Here are the hand-outs* you wanted, ma'am.

> hand-out = 유인물, 인쇄물

A 고마워요, 김 과장.

B And the agenda* for the meeting, ma'am.

> agenda = 안건, 의제

A 스미스-워커 건과 관련된 최신 사항은 없나요?

B We are still in talks with* the Walker firm.

> in talks with = ~와 대화중인

A 독일 출장에 관한 새로운 사항 있나요?

B I spoke with the German representative* earlier today.

> representative = 대리인, 대표자, 담당자

A 누가 여행 준비를 맡겠어요?

C I am.

A 좋아요. 앨리스. 좋은 솔선수범이네요.

B I'd like to propose that Alice go to Germany.

A 저는 반대예요, 김 과장. 우리는 여기서 그녀가 필요할 거예요.

B In my opinion, we could use her for admin.* support in Germany.

> admin. = 관리, 행정 (administration)

A 투표를 합시다. 모두가 찬성하십니까?

B We vote yes, ma'am.

DAY - 10

영어회의 때 겪는 가장 큰 어려움이 바로 적재적소에 바로바로 말할 수 없다는 말을 들은 적이 있습니다. 해결책은 말하기 연습뿐이겠죠?

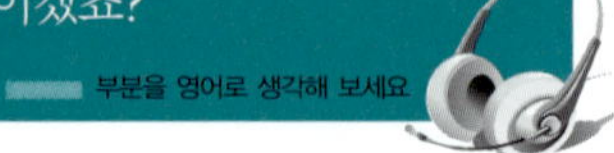

A Welcome to today's meeting, team.

B 좋은 아침입니다, 스미스 부장님.

A This meeting will be short.

B 부장님께서 원하셨던 유인물 여기 있습니다.

A Thanks, Mr. Kim.

B 그리고 회의를 위한 안건입니다, 부장님.

A Any updates on the Smith-Walker file?

B 아직 워커 사와 이야기하고 있습니다.

A Anything new regarding our trip to Germany?

B 제가 오늘 일찍 독일 대표자와 이야기했습니다.

A Who's in charge of* travel arrangements?

in charge of = 책임지는, 담당의

C 접니다.

A Great, Alice. Good initiative.*

initiative = 솔선수범

B 앨리스가 독일에 가는 것을 제안하고 싶습니다.

A I disagree,* Mr. Kim. We'll need her here.

disagree = 의견이 다르다

B 제 의견으로는, 독일에서 그녀가 행정 지원을 할 수 있을 거예요.

A Let's take a vote.* All those in favor?

take a vote = 투표하다

B 우리는 찬성합니다, 부장님.

아이디어를 내기도 전에 다른 안건으로 넘어가 버린다고요?
그럼 이제부턴 우선 지르고 보세요!

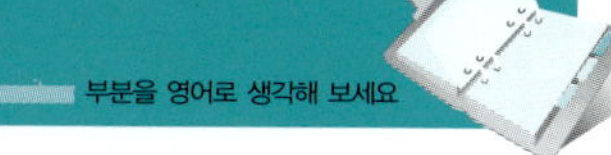

A 오늘 회의는 독일 바이어들에 관한 것입니다.

B Germany e-mailed us today, ma'am.*

ma'am= 예의를 갖추어 말할 때의 호칭(남성에게는 sir)

A 그들이 가능 여부를 확인해 줬나요?

B Yes.

A 그래서 8월에 진행하나요?

B Yes, 100%.

A 계약은 논의된 적이 있나요?

B We wanted to do so at today's meeting.

A 발언권은 열려 있어요. 어디 아이디어 없나요?

B We'll need to call the lawyers.*

lawyer = 변호사

A 앨리스, 그렇게 해 줄 수 있겠어요?

C Yes, certainly, Ms. Smith.

A 김 과장, 우리가 피해야 할 어떤 장애물이 있나요?

B None that I can think of.

A 우리가 제대로 가고 있는 것처럼 들리네요.

B I agree,* Ms. Smith.

agree = 동의하다, 승낙하다

A 계속 잘해 봅시다, 팀원 여러분.

B Yes, ma'am!

직접 말해 보는 것과 그냥 눈으로 보고 넘어가는 것은 하늘과 땅 차이입니다. 반드시 말해 보세요! 그래야 당신 것으로 만들 수 있습니다.

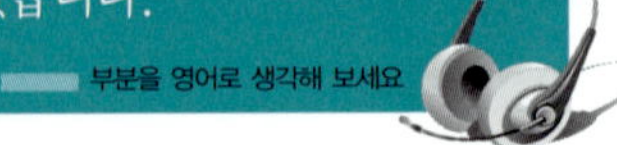

A Today's meeting is about the buyers in Germany.

B 독일에서 오늘 우리에게 이메일을 보냈습니다, 부장님.

A Did they confirm their availability?

B 네.

A So August is a go?

B 네, 100% 확실합니다.

A Has the contract been discussed?

B 저희는 오늘 회의에서 하기를 원했습니다.

A The floor★ is open. Any ideas?

the floor = 발언권

B 변호사들에게 전화해야 할 것입니다.

A Alice, can you do that?

C 네, 물론입니다, 스미스 부장님.

A Mr. Kim, any obstacles★ we need to avoid?

obstacle = 장애(물), 방해

B 제가 생각하기에는 없습니다.

A Sounds like we're on the right track.★

on the right track = 올바른 길에 있는

B 저도 동의합니다, 스미스 부장님.

A Keep up the good work,★ team.

keep up the good work = 계속 잘해 나가다, 계속 열심히 하다

B 네, 부장님!

Must Pick-Up Expressions and Words

꼭 알고 넘어가야 하는 단어·표현들

- □ **hand-out** 유인물, 인쇄물
- □ **agenda** 안건, 의제, 예정표
- □ **in talks with** ~와 대화중인 (대화가 오고가고 있는 상태)
- □ **representative** 대리인, 대표자, 담당자
- □ **propose** 제안하다, 신청하다, 내다
- □ **in my opinion** 내 의견으로는, 내 생각으로는
- □ **admin.** 관리, 경영, 행정 (administration의 줄임말)
- □ **regarding** ~에 관해
- □ **in charge of** ~을 책임지고 있는, 담당의
- □ **initiative** 솔선수범
- □ **disagree** 일치하지 않다, 의견이 다르다
- □ **take a vote** 투표하다, 표결에 부치다
- □ **All those in favor?** 모두가 찬성합니까?
- □ **ma'am** 예의를 갖추어 말할 때의 호칭 (굳이 뜻을 해석하자면 선생님, 회사라면 부장님, 사장님의 뜻이 있겠죠? 남성에게는 sir)
- □ **to do so** 그렇게 하려고
- □ **lawyer** 변호사
- □ **none that I can think of** 내가 생각하기에는 없다, 내가 생각하는 한은 없다
- □ **agree** 동의하다, 승낙하다, 동감이다
- □ **availability** 가능성, 가능여부
- □ **the floor** 발언권
- □ **Any ideas?** 어디 아이디어 없나요?, 다른 의견 없나요?
- □ **obstacle** 장애(물), 방해
- □ **on the right track** 올바른 길에 있는
- □ **keep up the good work** 계속 잘해 나가다, 계속 열심히 하다, 수고하세요. (직장에서 윗사람이 아랫사람에게 지금까지 잘해왔다고 칭찬하며 계속 잘하라고 격려하는 표현)

Jay's Coaching

사실 회의 영어란 게 따로 있는 것이 아닙니다. 일상회화에 어려움이 없다면 회의에서도 문제가 없을 것이고, 영어회화 자체가 잘 안 된다면 회의도 잘 안되겠지요. 항상 기억하셔야 합니다. 영어는 왜 만들어졌다고요? 네! 답은 "말하라" 고 입니다. 말하라고 만들어진 것이 언어인데 말해 보지 않으면 당연히 알 수 없겠죠? 그래서 우리는 계속 말해야 합니다. 이젠 말해 보라는 얘기가 지겨우실 수도 있지만 어떡하겠습니까? 사실인 것을… . 잘 안 되면 될 때까지 무식하게 자꾸 말해 보세요. 그럼 아무리 어려운 표현도 곧 당신 것이 될 테니까요.

DAY-11 일차

어제가 회의를 시작하고 아이디어를 수집하는 상황이었다면 오늘은 회의를 마무리하는 상황입니다.
아이디어를 종합하고 현재 상황을 점검하며 결론에 도달하는 과정이지요. 이제 슬슬 영어회화에 대한 감이 잡히시나요?
항상 말씀드리지만 회의용 영어가 따로 있는 것은 아니니까 너무 겁내지 마시고 그저 대화에 임한다는 생각으로 큰소리로 자신 있게 말해 보세요!

영어 회의 그까이꺼~ 별거 아니랍니다.

자, 회의를 마무리해 볼까요? 영어회화까지 할 수 있게 된 당신.
이제 헤드헌터들의 비밀 리스트에 올라가겠네요.

한 사람이 두 문장을 이어서 말하는 상황도 있습니다.
즉 A→B A→B식의 연속이 아닙니다. 주의하세요!

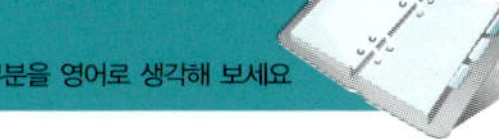

A 다음 주제로 넘어가야겠습니다.

B Who is participating in the conference call with the Germans?

C 김 과장과 래리입니다.

A What time will we be calling Germany?

B 우리 시간으로 아침 8시입니다. 전화 회의 중.에 저희가 제안을 하길 바라십니까?

A No, Mr. Kim. Let's hold off* until our visit.

> hold off = 연기하다, 미루다

C 스미스 부장님, 그 통화를 위해 어떤 회의실을 예약할까요?

A 201B in the west wing* should be good.

> wing = (증축한) 부속 건물

A Have we scheduled the Germans for the call?

C 네, 그들이 약속을 확인했습니다.

A You spoke with their administrative assistant?

C 네 부장님, 어제 했습니다.

A Alright, team. It sounds like everything is in place.*

> everything is in place = 모든 것이 제자리에 있다, 즉 모든 일이 제대로 돌아가고 있다

B 앨리스, 제가 이 회의록의 사본을 받을 수 있을까요?

C Sure thing.

B 고마워요, 앨리스.

A We'll wrap up* the meeting here, folks.

> wrap up = 끝내다, 정리하다

회의 속에서 유창하게 발언하는 자신의 모습, 상상이 되시나요?
열심히 연습하면 당신도 영어 회의의 주인공이 될 수 있습니다.

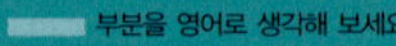 부분을 영어로 생각해 보세요

A We need to move on★ to our next topic.

B 누가 독일측과의 전화 회의에 참여합니까?

move on = 나아가다, 진행하다

C Mr. Kim and Larry.

A 몇 시에 독일에 전화할 겁니까?

B 8 am our time. Would you like us to make an offer during the conference call?★

A 아니오, 김 과장. 우리가 방문할 때까지 미루어 둡시다.

conference call = 전화상 회의

C Ms. Smith, what boardroom should I book for the call?

A 동쪽 건물의 201B호가 괜찮을 듯 싶습니다.

A 독일과는 전화 회의 스케줄이 잡혀 있습니까?

C Yes, they have confirmed the appointment.

A 그들의 비서와 통화했습니까?

C Yes, ma'am, yesterday.

A 좋습니다, 팀원 여러분. 모든 것이 제대로 가고 있는 것 같군요.

B Can I get a copy of the minutes★ from this meeting, Alice?

C 그럼요.

minute = 의사록, 회의록

B Thanks, Alice.

A 이쯤에서 회의를 정리하겠습니다, 여러분.

DAY - 11

이번에는 화자가 4명입니다. 4명의 불꽃 튀는 회의!!!

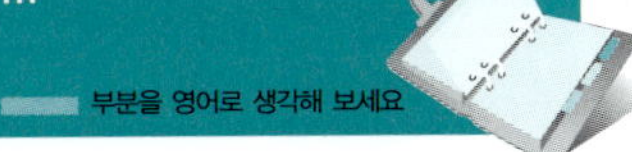

C 우리에게는 시간이 많이 남아 있지 않습니다.

B Yes, we should go to the last item★ on the agenda.

> item = 항목

C 부장님, 미국에 어떤 분을 보낼지 결정하셨습니까?

B Yes.

C 누구입니까?

B After serious consideration,★ I have chosen you and Mr. Kim.

> consideration = 고려, 숙고

C 감사합니다, 부장님. 열심히 하겠습니다.

A Yes, Ms. Smith. We're going to bring this one home.★

> bring this one home = 이것을 집으로 가져오겠다, 즉 여기서는 계약을 성사시켜 돌아오겠다는 뜻

B 당신들을 믿습니다.

A We won't disappoint you.

B 앨리스, 시간이 얼마나 남았습니까?

D Not much, ma'am. You should get to★ your next appointment.

> get to = ~로 이동하다

B 앨리스, 회의 기록을 했습니까?

D Yes, I did.

B 모두가 오늘 회의록의 사본을 받을 수 있게 해 주겠습니까?

D Definitely.

B 수고해 줘서 감사합니다, 여러분. 회의를 마치겠습니다.

A See you tomorrow, ma'am.

화자가 늘었다고 힘들어지는 것은 아닙니다.
그저 잘 듣고 자신의 차례에 얘기하면 그만이죠.

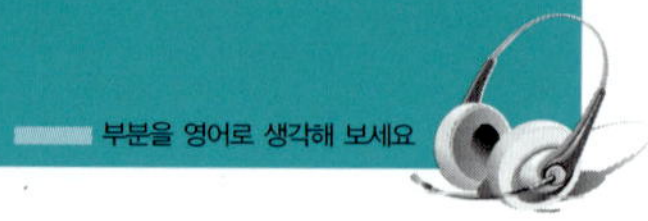

C We haven't got much time left.

B 그렇습니다. 회의 안건의 마지막 항목으로 이동합시다.

C Ma'am, have you decided who to send to America?

B 그렇습니다.

C Who will it be?

B 심사숙고한 끝에, 저는 당신과 김 과장으로 정했습니다.

C Thank you, ma'am. I will do a good job.*

do a good job = 잘하다, 수고하다

A 네, 스미스 부장님, 저희가 이 건을 성사시켜 돌아오겠습니다.

B I'm counting on* you boys.

count on = 의지하다, 기대하다

A 실망시켜 드리지 않겠습니다.

B Alice, how much time do we have left?

D 많이 남아 있지 않습니다. 다음 약속으로 이동하셔야겠습니다.

B Did you take minutes, Alice?

D 네, 했습니다.

B Can you make sure everyone gets a copy of today's meeting?

D 물론이죠.

B Thanks for your hard work, team. Meeting is adjourned.*

adjourn = 폐회하다, 휴회하다

A 내일 뵙겠습니다, 부장님.

Must Pick-Up Expressions and Words

꼭 알고 넘어가야 하는 단어·표현들

□ **participate in**
~에 참가하다, 관여하다, 관계하다

□ **hold off** 연기하다, 미루다

□ **wing** (중심 건물에서 옆으로 증축한) 부속 건물

□ **alright, team** 좋아요. 팀 여러분

□ **everything is in place** 모든 것이 제자리에 있다, 즉 모든 일이 제대로 돌아가고 있다

□ **wrap up** 보따리를 싸다, 끝내다, 정리하다

□ **folks** '사람들(= people), 여러분, 얘들아' (미국에선 주로 허물없는 사람들을 부르는 말로 흔히 쓴다.)

□ **move on** 나아가다, 진행하다, 전진하다

□ **conference call** 전화상 회의; 전화로 회의를 하다

□ **boardroom** 회의실

□ **minute** 의사록, 회의록
(copy of the minutes 회의록 사본)

□ **item** 항목; 기사; 일

□ **consideration** 고려, 숙고

□ **bring this one home** 이것을 집으로 가지고 돌아오다 (즉, 여기서는 계약을 성사시켜 가져오겠다는 뜻)

□ **get to** ~로 이동하다

□ **I will do a good job.** 열심히 하겠습니다., 최선을 다하겠습니다. (I will do my best.와 같은 상황에서 쓰일 수 있음)

□ **count on** 믿다, 의지하다, 기대하다

□ **a copy of today's meeting**
오늘 회의의 복사본, 즉 회의록의 사본

□ **adjourn** 폐회하다, 휴회하다

Jay's Coaching

회의용 영어가 따로 있는 것은 아니지만, 예를 들어 '오늘 미팅은 여기서 마치겠습니다' 등의 표현은 매우 유용하겠죠? 하지만 모든 것이 그렇듯 회의에서도 제일 중요한 것은 자신감을 가지고 참여하는 것입니다. 혹시 본인의 말에 문법적인 실수가 있을까봐 혹은 남들이 본인의 발음을 흉볼까봐 아무 말도 하지 않는다면 당연히 인사고과에 마이너스일 것입니다. 중요한 것은 자신감과 참여의식입니다. 열심히 참여하는 사람을 흉볼 사람은 아무도 없으니까요. 자신 있게 참여해 보세요!!!

DAY-12일차

지난 이틀 간 솔직히 머리 좀 아프셨죠?
영어로 회의하느라고요. 자, 그래서 오늘부터 3일간은
흔히 사무실에서 동료와 할 수 있는 대화들로 꾸며 봤습니다.
Small talks 1, 2, 3 인데요. Small talk는 '잡담' 이란 뜻입니다.
하지만 잡담이라고 얕보면 안 되겠죠?
왜냐면 인사가 만사라고 동료들과 또 선후배와
잡담을 잘할 수 있어야 회사에서의 성공이 보장될 테니까요.
어떠세요? 한번 편안한 마음으로 잡담에 임해 보시겠어요?
회의나 바이어와의 만남만큼 복잡하지 않으니까
더 자신감을 가지고 더 큰소리로 말해 보세요!

크게 말할수록 영어가 빨리 늘 것입니다!!!

DAY - 12

회사에서 흔히 이루어지는 대화들입니다.
어떠세요? 회의나 바이어와의 만남보다는 훨씬 편하죠?

부분을 영어로 생각해 보세요

A 메모 받으셨어요?

B Which one?

A 우리의 새로운 휴식 시간에 관한 거요.

B Yes, I did

A 어떻게 생각하세요?

B I'm okay with it.

A 예전 휴식 시간과 많이 다르지 않아요.

B I agree.

A 커피 마실 시간만 있다면 전 행복해요.

B Same here.*

Same here. = 나도 마찬가지예요.

A 우리 점심시간은 이제 30분 더 기네요.

B I know. I'm happy about that.

A 사적인 일들을 볼 시간이 늘겠어요.

B Yes, but we work thirty minutes longer.

A 불행히도요.

B Yeah, I'd rather* have shorter breaks.

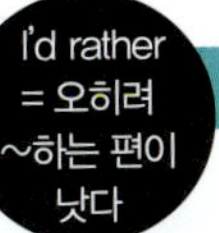

A 맞아요. 그러면 더 일찍 퇴근할 수 있으니까요.

B I've got* a meeting. See you at lunchtime.

have got = have와 같은 의미(현재완료 형태)

가끔은 직장 동료들과 모여 이런저런 수다를 떨기도 하겠죠?
회사에 대한 불만도 좀 말해 보고 내 개인적인 이야기도 하고 말이죠.

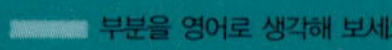

A Did you get the memo?

B 어떤 것 말씀이시죠?

A About our new break times.*

break time = 휴식 시간

B 네, 받았습니다.

A How do you feel about it?

B 전 괜찮아요.

A They are not much different from the old break times.

B 맞아요.

A As long as* I have time for coffee, I'm happy.

as long as = ~하는 한, ~하는 동안

B 저도 그래요.

A Our lunch break is thirty minutes longer now.

B 알아요. 그건 기뻐요.

A We'll have more time for personal errands.*

personal errand = 개인 용건, 볼일

B 맞아요. 하지만 30분 더 일해야 돼요.

A Unfortunately.

B 맞아요. 저는 차라리 짧은 휴식시간을 갖는 게 나을 것 같아요.

A Yes, so we could get off* earlier.

get off = 출발하다, 퇴근하다

B 전 회의가 있어요. 점심시간에 봅시다.

비즈니스 상황이 항상 이렇게 단순하면 좋을 텐데…
하지만 걱정 마세요! 단순하고 어려운 것의 경계가 곧 없어질 거예요~

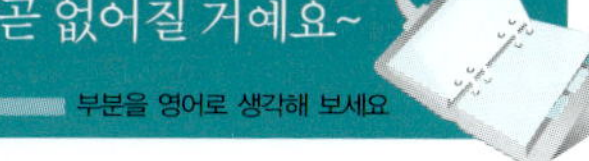

A 안녕하세요, 앨리스.

B Hi, Mr. Kim.

A 주말은 어땠어요?

B It was nice. And yours?

A 굉장히 바빴어요. 사돈되실 분들이 오셨거든요.

B Oh, my!*

> Oh, my! = 〈감탄사〉 아, 이런!

A 내 말이 그 말이에요!

B We took our kids to* the zoo.

> take (누구) to (장소) = 누구를 어느 장소로 데리고 가다

A 아이들이 분명 즐거워했겠네요.

B We have a great time.

A 우리는 결혼식 준비를 하느라 굉장히 바빠요.

B How's it coming?*

> How is it coming? = 일이 어떻게 되어 가느냐? (= How is it going?)

A 꽤 잘 되어가요.

B Monday comes too fast.

A 맞아요, 그래요.

B Well, you know what they say.

A 시간이 돈이죠.

B Have a nice day.

DAY - 12

거의 〈3030 English〉 실전대화편 느낌이죠? 그냥 친구와 대화하는 듯한 느낌!

자신 있는 만큼 크게 말해 보세요!!!

▬ 부분을 영어로 생각해 보세요

A Hey, Alice

B 안녕하세요, 김 과장님.

A How was your weekend?

B 좋았어요. 당신은요?

A Very busy. The future in-laws* were in town.

future in-laws = 미래의 사돈 친척

B 아이고!

A You're telling me!

B 우리는 아이들을 동물원에 데리고 갔었어요.

A I'm sure they enjoyed that.

B 좋은 시간을 보냈죠.

A We're very busy planning the wedding.

B 어떻게 되어가고 있어요?

A Pretty good.

B 월요일은 너무 빨리 돌아와요.

A Yes, it does.*

Yes, it does. = 앞 문장을 강하게 긍정하는 의도로 쓰임

B 사람들이 뭐라고 하는지 알잖아요.

A Another day, another dollar.*

Another day, another dollar = 또 다른 날은 또 다른 돈이다, 즉 시간이 돈이다.

B 좋은 하루 되세요.

Must Pick-Up Expressions and Words

꼭 알고 넘어가야 하는 단어·표현들

- **I'm okay with it.** 그건 좋아요. 괜찮아요.
- **Same here.** 나도 마찬가지예요.
- **I'd rather(= I would rather)** 오히려 ~하는 편이 낫다
- **have got** have와 같은 의미 (현재완료 형태)
- **break time** 휴식시간
- **How do you feel about it?** 그것에 대해선 느낌이 어때? 즉, 그것에 대해 어떻게 생각해?
- **different from** ~과 다른, 상이한
- **as long as** ~하는 한, ~하는 동안, ~하는 김에
- **personal errand** 개인 용건, 볼일
- **get off** 떠나다, 출발하다, 퇴근하다
- **Oh, my!** 오, 이런!(단순 감탄사이지만 앞의 대화에서는 '아, 정말? 그러면 너 정말 바빴겠구나. 네가 얼마나 바빴는지 짐작이 간다' 정도의 수긍의 뜻이 내포되어 있다.)
- **Yes, it does.** 앞 문장을 강하게 긍정하는 의도로 사용되었다.
- **Another day, another dollar.** 또 다른 날은 또 다른 돈이다. 즉, 시간이 돈이다.
- **future in-law** 미래의 사돈 친척
- **You are telling me.** 문장의 뜻만 보면 '당신이 내게 말하고 있어요.'이지만 문맥상의 함축적 의미를 짐작해 보면 '내 말이 그 말이야. 내가 얼마나 바빴는지 알겠지?' 정도로 해석할 수 있다.
- **take (누구) to (장소)** 누구를 어느 장소로 데리고 가다
- **How is it coming?** 그 일이 어떻게 되어 가느냐? (= How is it going?)
- **You know what they say.** (보통) 사람들이 어떻게 얘기하는지 알잖아요.

Jay's Coaching

〈3030 English〉 관련 감사메일 혹은 문의메일을 일주일이면 10통 이상 받게 됩니다. 물론 다수의 메일은 감사하다는 내용이지만 간혹 끈기가 없어 그만두고 싶다, 즉, 영어공부를 또 다시 포기할 것 같은데 어떻게 하면 좋겠느냐고 상담하는 식의 메일도 심심찮게 받고 있습니다. 답이 뭘까요, 여러분? 글쎄 사람마다 다르겠지만… 우선 재미없게 학습하고 있다는 게 가장 핵심적인 이유가 아닐까 생각됩니다. 앉아서 천자문 외우듯 지루하게 학습하면 당연히 며칠 안에 지치게 될 것입니다. 하지만 마치 연극하듯 정말 대화하듯 CD를 틀어 놓고 손짓발짓하며 앞에 대화 상대가 있다는 생각으로 진지하게 대화해보세요. 이때 필요한 게 바로 상상력입니다. 정말 대화한다는 상상! 그러면 어느 순간 영어학습이 공부가 아닌 놀이가 될 것입니다. 기억하세요! 재미있게 학습하면 영어가 쉬워집니다. 상! 상! 력!

DAY-13일차

사무실에서의 잡담에 익숙해지고 계신가요?
일전에 신문에서 회사 내에서 **성공여부를 결정짓는 것은 실력이 아니라 인간관계**라는 기사를 본 적이 있습니다.
뭐, 사실 실력은 대부분 거기서 거기지만
상사와 동료 그리고 후임들과의 인간관계가 그 사람의 성공을 결정짓는다는 내용이었습니다. 요즘 같은 글로벌시대에는
웬만한 회사마다 외국인이 최소한 한둘은 있게 마련인데요.
외국인 직원들과 교제를 위해선 이런 Small talk를 미리 연습해야겠죠?
자, 그럼 오늘은 Small talk 2입니다.
즐겁게 잡담한다는 생각으로 자신있게 말해 보자고요~

최대한 즐겁게 하려고 노력하면 영어로 말하는 것도 재미있게 느껴질 수 있습니다. 성대모사하듯 **재미있게 따라 말해 보세요.**

부분을 영어로 생각해 보세요

A 새로운 직원 만나 보셨습니까?

B No, have you?

A 네, 오늘 아침 엘리베이터 안에서요.

B How did she seem?*

seem = ~로 보이다 (= look like), ~처럼 생각되다, ~인 것 같다

A 좋아 보였어요.

B Good.

A 그녀는 하버드 졸업생이에요.

B Oh, nice!

A 스미스 부장님이 오늘 회의에서 그녀를 소개할 거예요.

B That should be interesting.

A 주변에 새로운 인물이 있는 건 좋을 거예요.

B I agree, and some new ideas.

A 그녀가 하비의 예전 자리를 맡게 될 거예요.

B Will she get his office?

A 그럴 것 같아요.

B It's such* a good office!

such = 대단한, 훌륭한

A 그래요, 그녀는 운이 좋네요.

B Yeah, it's close to the coffee!*

DAY - 13

퀴즈 풀 듯 영어로 바꿔 말하고 계신가요?
그리고 영어 부분은 철저히 성대모사하고 계신가요?

부분을 영어로 생각해 보세요

A Have you met the new employee yet?

B 아니오, 당신은요?

A Yes, in the elevator this morning.

B 어때 보였나요?

A She seems nice.

B 좋네요.

A She is a Harvard graduate.*

graduate = 졸업자; 대학원생; 졸업하다

B 아, 훌륭하네요!

A Ms. Smith will introduce her at the meeting today.

B 흥미롭겠군요.

A It will be nice to have a fresh face* around.

fresh face = 신선한 얼굴, 즉 새로운 인물

B 저도 동의해요. 그리고 새로운 아이디어들도요.

A She is taking over Harvey's old position.*

position = 자리, 지위

B 그녀가 그의 사무실을 쓸 건가요?

A I think so.

B 그 사무실은 정말 좋아요!

A Yes, she is lucky.

B 네, 그 사무실은 커피 마시는 곳과 가깝잖아요!

휴가에 대해 대화해 볼까요? 항상 설레는 주제 아닌가요?
저도 빨리 휴가를 갖고 싶군요. ㅠ ㅠ

부분을 영어로 생각해 보세요

A 당신은 언제 휴가를 갈 건가요?

B At the end of August.

A 설레겠군요.

B Very!

A 계획이 어떻게 되세요?

B I'm going to* Chicago.

> I'm going = 가까운 미래를 얘기할 때는 현재 진행형으로도 표현한다.

A 가족들을 보러요?

B Yes, my mother and father.

A 훌륭하네요.

B When are your holidays?

A 9월 둘째 주예요.

B Any plans?*

> Any plans? = 문장 앞에 Do you have가 생략되어 있음

A 더그와 나는 그 주에 이사를 할 거예요.

B So, you will be busy.

A 네, 언제나 할 일이 있네요.

B I agree, never enough time!*

> never enough time = 시간은 항상 충분하지 않다

A 그러게요. 나중에 회의에서 뵙겠습니다.

B Yes, see you there!

신나시죠? 어려운 표현도 별로 없고요. 하지만 오히려 이런 일상적인 대화들이 회사에서 더 많이 쓰인다는 걸 기억하세요! 인사가 만사니까요!

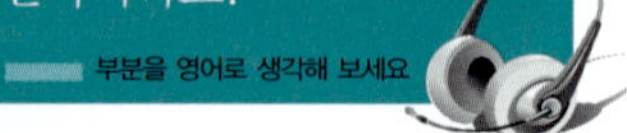

A When do you go on holidays?*

> go on holidays = 휴가를 가다, 휴가를 떠나다

B 8월말에요.

A You must be excited.

B 많이요!

A What are your plans?

B 시카고에 갈 거예요.

A To see family?

B 네, 어머니와 아버지요.

A That sounds amazing.

B 당신의 휴가는 언제죠?

A The second week of September.

B 어떤 계획이라도 있나요?

A Doug and I are moving* that week.

> move = 이사 가다

B 그렇다면 바쁘시겠군요.

A Yeah, there's always something.*

> there is always something = 항상 무엇인가가 있다. 즉, 항상 할 일이 있어 바쁘다

B 맞아요. 시간은 항상 충분하질 않아요.

A Well, I'll see you at the meeting.

B 네, 거기서 뵙겠습니다!

Must Pick-Up Expressions and Words

꼭 알고 넘어가야 하는 단어·표현들

- □ **seem** ~로 보이다(= look like), ~처럼 생각되다, ~인 것 같다
- □ **such** 대단한, 훌륭한
- □ **coffee** 자판기, 휴게실, 커피 마시는 곳
- □ **Have you met the new employee yet?** 새로운 직원 안 만나 봤어요?
- □ **graduate** 졸업자; 대학원생; 졸업하다
- □ **fresh face** 신선한 얼굴, 즉 새로운 인물, 새로운 직원
- □ **position** 자리, 지위; 태도; 위치
- □ **I'm going ~** 가까운 미래를 얘기할 때는 현재진행형으로도 쓴다.
- □ **Any plans?** 넌 어떤 계획들이 있니? (문장 앞에 Do you have가 생략되어 있음)
- □ **never enough time** 시간은 항상 충분하질 않네요
- □ **go on holidays** 휴가를 가다, 휴가를 떠나다
- □ **to see family** 가족을 보기 위해서, 가족을 보려고
- □ **the second week of September** 9월 둘째 주 (참고로 September 같은 '월'의 첫 번째 철자는 대문자로 써야 한다.)
- □ **move** 이사 가다
- □ **There is always something.** 항상 무엇인가가 있다. 즉, 항상 할 일이 있어 바쁘다.

Jay's Coaching

〈3030 English〉1편에서 언급했던 내용입니다만, 1편을 보지 않고 바로 본책을 보시는 분들도 상당수 있을 거란 생각에 다시 말씀드립니다. 미국인이 우리 영어를 못 알아듣는 가장 큰 이유가 뭔지 혹시 아시나요?

① 발음이 나빠서　　② 문법이 틀려서
③ 바디랭귀지를 못해서　　④ 목소리가 작아서

답은 뭘까요? 네! 답은 ④번입니다. 우리들은 영어를 하기만 하면 자신이 없어서 그런지 목소리가 엄청 작아집니다. 당연히 잘 못 들은 외국인은 Pardon me?(뭐라고?) 하며 되묻게 되죠. 그럼 금방 소심해집니다. "내 영어가 엉망인가?" 하고 말이죠. 이 얼마나 웃긴 상황입니까? 이제부터는 크게 말하세요! 그동안 작게 말하니까 못 알아들은 겁니다!!!

DAY-14 일차

아쉽게도 Small talk의 마지막 날입니다.
사무실에서 접할 수 있는 잡담이 12~14일의 내용보다 훨씬 다양하겠지만 이렇게 3일에 걸쳐 접해 보니 그래도 좀 자신감이 생기지 않나요? 아무래도 전문적인 용어를 남발하는 회의나 바이어와의 만남보단 훨씬 쉬울 겁니다.
오늘은 파티 계획, 월급날과 재정에 관한 얘기를 나눠 볼 텐데요.
자신이 실제로 대화에 임한다는 생각으로 진지하게 말해 보세요.
이런 말 아시죠? 연습은 실전처럼 실전은 연습처럼.
자, 그럼 크게! 진지하게! 소리 내어! 말해 볼까요?

우리나라는 회사 사람들끼리 회식을 많이 하는데 파티와 회식은 개념이 약간 다릅니다. 파티에 가게 되면 누구와 함께 갈지가 가장 고민되겠죠?

부분을 영어로 생각해 보세요

A 당신은 크리스마스 파티에 갈 건가요?

B Yes, I am.

A 그 밖에 누가 오는지 아세요?

B Our whole* department will be there.

> whole = 전부의, 모든

A 당신은 남편을 데리고 오시나요?

B Of course.

A 혹시 경리부의 메리는 데이트 상대가 있는지 아세요?

B I'm not sure.

A 그녀에게 물어 볼 생각이었어요.

B You should. She's cute.

A 그러려고요.

B You better do* it soon.

> You better do = You had better do

A 왜죠?

B Bill from accounting* likes Mary, too!

> accounting = 경리부

A 점심시간에 물어 볼 거예요.

B Do it during coffee time.

A 그럴게요.

B The sooner the better!*

> the sooner the better = 빠르면 빠를수록 좋다

파티는 회식보다 대화도 많고 돌아다니며 교제도 하죠. 문화적 차이겠지만 술잔만 돌리는 회식문화보다는 좀 더 재미있지 않나 생각됩니다.

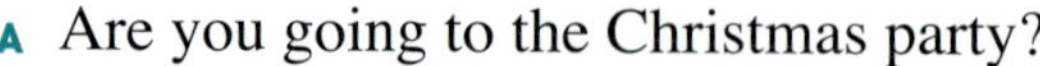

A Are you going to the Christmas party?

B 네, 그렇습니다.

A Do you know who else★ is going?

> who else = 그 밖에 누구, 또 다른 누구

B 우리 부서 전부가 참석할 것입니다.

A Are you bringing your husband?

B 물론이죠.

A Do you know if Mary from accounting has a date?★

> date = 데이트 상대

B 잘 모르겠네요.

A I was thinking of asking★ her.

> was thinking of (동사+ing) = ~하려고 생각중이었다

B 그러는 게 좋을 것 같아요. 그녀는 귀여워요.

A I think I will.

B 빨리 하시는 게 좋아요.

A Why?

B 경리부의 빌 역시 그녀를 좋아한답니다!

A I will at lunchtime.

B 휴식시간에 물어 보세요.

A I guess★ I will.

> I guess = I think

B 빠르면 빠를수록 더 좋아요!

check to check으로 사는 삶이 아니더라도
월급날은 항상 기다려지지 않으세요?

A 내일이 월급날이에요.

B I know.

A 저는 손꼽아 기다려왔어요.

B Me too. I live check to check.★

check to check = 월급에서 월급으로

A 주택담보대출 때문에 힘들어 죽겠어요!

B It's my car payments.★

car payment = 자동차 납부금

A 그래도 월급이 오르잖아요.

B Yes, at the end of the fiscal period.★

fiscal period = 회계기간

A 이보다 더 좋을 순 없죠.

B I agree.

A 경제가 지금 너무 안 좋아요.

B Yes, we're lucky to have jobs.

A 나중에 만나서 커피 마실래요?

B Sure!

A 휴식시간에 봐요.

B Okay.

A 좋은 시간 되세요.

B You too!

DAY - 14

큰소리로 자신 있게 말하고 계신가요?
다시 말씀드리지만 큰소리로 말하는 것이 매우 중요합니다.

부분을 영어로 생각해 보세요

A Tomorrow is pay day.*

B 알고 있어요.

pay day = 월급날

A I've been counting the days.

B 저도요. 저는 월급으로 살아요.

A My mortgage* is killing me!

B 저는 자동차 할부금이요.

mortgage = 주택융자

A At least we're getting a raise.*

B 네, 회계 분기 마지막에요.

get a raise = 월급(봉급)이 오르다

A It couldn't be better.

B 맞아요.

A The economy is so terrible right now.

B 네, 우리는 직업이 있다는 게 행운인 거예요.

A Do you wanna meet for coffee later?

B 물론이죠!

A I'll see you at the break.*

B 네.

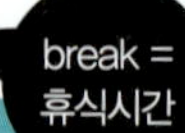

A Have a good one.

B 당신도요!

Must Pick-Up Expressions and Words

꼭 알고 넘어가야 하는 단어·표현들

□ **whole** 전부의, 모든

□ **department** 부서

□ **You better** ~하는 게 좋다 (= You had better의 구어 표현)

□ **accounting** 경리부

□ **The sooner the better** 빠르면 빠를수록 좋다

□ **who else** 그 밖에 누구, 또 다른 누구

□ **date** 데이트 상대

□ **was thinking of (동사+ing)** ~하려고 생각 중이었다

□ **I guess I will.** 내가 그럴 것 같아 (= I think I will)

□ **check to check** 월급에서 월급으로

□ **car payment** 자동차 할부금

□ **fiscal period** 회계기간 (fiscal year 회계연도)

□ **pay day** 월급날

□ **mortgage** 주택융자

□ **~ is killing me** ~때문에 힘들어 죽겠다

□ **get a raise** 월급(봉급)이 오르다

□ **It couldn't be better.** 이보다 더 좋을 순 없다.

□ **break** 쉬는 시간, 휴식 시간

□ **Have a good one!** 좋은 시간 보내! (상황에 따라 좋은 하루가 될 수도 있고 좋은 게임 등이 될 수도 있다.)

Jay's Coaching

어때요? 지난 3일간 좀 편했죠? 쉬어가듯 잡담하는 시간이었으니까요. 내일부터는 다시 정신 바싹 차리셔야 합니다. 본격적으로 어려운 상황들이 나오니까요. 하지만 아무리 어려운 상황도, 아무리 어려운 표현도 10번만 진지하게 대화하듯 말해 보면 정말 별거 아니라는 것을 느끼실 것입니다. 저도 미드나 할리우드 영화를 보면서 새로운 표현을 익히곤 하는데 방법은 역시 대화하듯 여러 번 반복해서 말해 보는 것입니다. 저뿐 아니라 미국에서 20, 30년 살다 오신 분들도 이렇게 새로운 표현들을 익힌다고 하니 여러분도 당연히 그렇게 하셔야겠죠? 어떻게 새로운 표현을 익힌다고요? "자꾸 반복해서 말해 봄으로써!"

DAY-15 일차

회사에 있다 보면 점심을 시켜 먹어야 하는 경우와
테이크아웃 커피를 사다 먹어야 하는 경우가 종종 있는데요.

영어로 이런 대화쯤은 할 수 있어야겠죠?

사실 외국에 나가 본 사람이라면 누구나 음식주문과 관련된
에피소드 하나씩들은 있잖아요?
망신당하지 않으려면 미리미리 연습해 봐야 합니다.
그때 가서 후회해야 소용 없습니다.

DAY - 15

중국음식을 시켜 먹는 게 그렇게 간단하지마는 않더군요…
왜냐면 중국식당분들 중 상당수가 영어가 서툴더라고요.

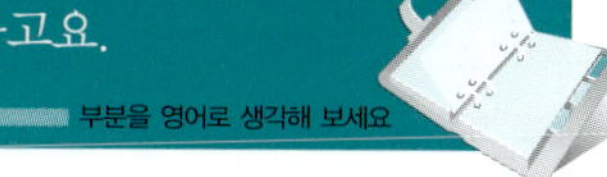

▬ 부분을 영어로 생각해 보세요

A 중국음식 생각나시는 분?

B Mmmm, yes! That's a great idea.

A 우리 요즘에 같이 점심 한 적이 없네요.

B Yes, let's order some Chinese.*

Chinese = 여기서는 문맥상 중국음식을 뜻한다.

A 어디에 주문할까요?

B "Mr. Lee's" is great.

A 음, 맞아요.

B We have coupons,* too.

coupons = 쿠폰

A 뭘로 주문할까요?

B Combo* #9 is good.

combo =우리나라의 세트메뉴 같은 개념

A 좋아요.

B You call to order, I'll get the petty cash.*

petty cash = 소액현금인데 회사에서 사용한다면 소액개념의 운영비

C Hello, Mr. Lee's Chinese Delivery.

A 안녕하세요. 9번 세트메뉴를 시키고 싶은데요.

C Address please?

A 이태원동 227-1번지 기아빌딩 2층입니다.

C See you in 30 minutes. Cash or credit card?

A 현금으로 하겠습니다. 감사합니다. 곧 뵙겠습니다.

DAY - 15

직접 주문한다는 생각으로 대화에 임해 보자고요. 전화다 보니 상대방의 얼굴을 볼 수 없어 조금 어렵겠지만 자꾸 해 보면 금세 익숙해질 것입니다.

▬ 부분을 영어로 생각해 보세요

A Anyone feel like Chinese? ★

> Anyone feel like ~? = ~이 생각나시는 분?(원하시는분?)

B 음, 좋아요! 아주 좋은 생각이에요.

A We haven't had lunch together lately.

B 네, 중국음식을 시키자고요.

A Where should we order from?

B 이가네가 좋아요.

A Mmm, you are right.

B 우리 쿠폰도 있잖아요.

A What shall we order?

B 9번 세트메뉴가 좋죠..

A That sounds good.

B 당신이 전화해서 주문하세요. 제가 운영비를 가져올 테니.

C 안녕하세요, 이가네 중국음식 배달점입니다.

A Hi, I'd like to order Combo #9.

C 주소 부탁합니다.

A Itaewon dong, 227-1, KIA Building, 2nd floor.

C 30분 뒤에 뵙겠습니다. 현금인가요, 카드인가요?

A Cash please. Thank you. See you soon.

DAY - 15

언젠가부터 익숙해진 커피 문화. 모두들 점심시간 후에 한 잔씩들 하시죠? 동료를 위한 커피 심부름 어떠세요?

부분을 영어로 생각해 보세요

A 저 커피 마실 거예요.

B Where are you going?

A 스타벅스요. 커피 원하시는분?

B We all do!

A 모두들 뭘 원하시나요?

B The usual.★

the usual = 평상시 의 것

A 적어야겠네요.

B Sure.

A 제리가 톨 라떼 마시는 건 알고 있고.

B Linda will take a regular coffee.

A 톨 라떼하고 그냥 커피, 그리고 당신은요?

B I'll take a cappuccino.

C Welcome to Starbucks. What would you like?

B 톨 라떼, 톨 커피, 카푸치노 그랑데 그리고 저는 톨 카페 모카요.

C Milk or sugar?

A 라떼에 설탕 한 스푼 그리고 톨 커피에 설탕 두 스푼이요.

C Will that be all, sir? 15,000 won please. ★

Will that be all? = 그게 전부입니까? 뭐 다른 건 없으십니까?

A 고맙습니다, 여기 있습니다.

회사에서의 커피 타임, 하루 일과 중 빠질 수 없는 시간이죠? 글로벌시대에

영어로 커피 심부름 정도는 필수겠죠?

부분을 영어로 생각해 보세요

A I'm going to grab a coffee.*

grab a coffee = 커피 한잔 하다

B 어디로 가는데요?

A Starbucks. Anybody want coffee?

B 우리 모두요!

A What does everyone want?

B 평상시에 마시는 걸로요.

A I need to write it down.

B 물론이에요.

A I know Jerry takes* a tall latte.

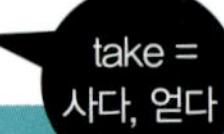

B 린다는 그냥 커피를 할 거예요.

A A tall latte and a regular coffee, how about you?

B 난 카푸치노로 하겠어요.

C 스타벅스에 오신 걸 환영합니다, 뭘로 하시겠습니까?

B A tall latte, a tall coffee, a cappuccino grande and a tall cafe mocha for myself.

C 우유나 설탕은요?

A One sugar in the latte and two sugars in the tall coffee.

C 그게 전부이십니까? 만오천 원입니다.

A Thank you, here you are.

Must Pick-Up Expressions and Words

꼭 알고 넘어가야 하는 단어·표현들

- **Chinese** 여기서는 문맥상 '중국음식'을 뜻한다.
- **coupon** 쿠폰
- **combo** 우리나라의 '세트메뉴' 같은 개념
- **petty cash** 소액 현금 (회사에서 사용한다면 소액 개념의 운영비)
- **delivery** 배달
- **Anyone feel like ~?** ~이 생각나시는 분?, 원하시는 분?
- **We all do!** 우리 모두 그렇다! (여기서 do는 전에 나온 동사를 대신해서 쓰임).
- **the usual** 평상시의 것
- **Will that be all?** 그게 전부입니까?, 뭐 다른 건 없습니까?
- **grab a coffee** 커피 한잔 하다 (grab 잡다)
- **take** 사다, 얻다

Jay's Coaching

물론 저도 처음부터 쉬웠던 것은 아닙니다. 특히 미국에서는 햄버거 하나 먹으려 해도 왜 이렇게 묻는 게 많은지…. 예를 들어 치즈를 올리느냐 마느냐, 콜라 사이즈는 뭐가 좋냐 등등. 미국 사람들은 모두들 개성이 강해서 그런지 햄버거 하나 먹는데도 고르는 것이 너무나 많습니다. 그런데 이런 주문은 크게 영어실력과 상관 있는 게 아닙니다. 각 음식점에서 자주 쓰이는 단어나 표현들만 알고 몇 번 해 보면 별게 아니라는 말입니다. 제가 아는 분 중에 정말 영어 못하는 분이 계신데 음식을 좋아하셔서 그런지 유독 음식점에서 주문은 잘하시더라고요. 자꾸 해 보면 쉽습니다. 하지만 당연히 처음하면 서툴겠지요. 주문하다가 망신당했다고 주눅들지 마시고 자신있게 자꾸 도전해 보시기 바랍니다. 자꾸 해 보면 어려운 것은 아무것도 없답니다.

DAY-16 일차

오늘은 비즈니스를 하다 보면 흔히 일어날 수 있는 문제,
그러니까 바이어의 불만을 해결하는 대화입니다.
우선 **중요한 것은 진심을 담아 이야기하는 것**
입니다. 이럴 때는 유창한 영어보다도 진심으로 사과하는 것이
더 중요하겠죠? 아무리 영어가 유창해도
진심으로 미안해 보이지 않는다면 당연히 바이어 측에서는
당신이 얄미울 테니까요.
자, 그럼 진정으로 미안한 마음을 담아 대화에 임해 볼까요?
반드시 소리 내어 말해 보세요.

DAY - 16

일이 항상 잘 풀리기만 하지는 않겠죠?

고객들로부터의 불만사항, 어떻게 처리할까요?

부분을 영어로 생각해 보세요

A 김 과장, 상의해야 할 일이 있어요.

B Certainly, Ms. Smith.

A 방금 우리쪽 일본 담당자 중 한 명과 통화했어요.

B Is there a problem?

A 구매자 중 한 분이 굉장히 불만족스러우신 것 같아요.

B What is the problem?

A 그들은 매우 큰 선적을 기대하고 있었어요.

B Has it been delayed?

A 네.

B Oh, no. Is it one of our big clients?*

big client = 큰 고객, 즉 중요한 고객

A 유감이지만 그래요.

B I'll call the factory right away to see what happened.

A 그들과 거래를 유지하기 위해 무언가 제안해야 해요.

B What should I propose, Ms. Smith?

A 그들에게 시세보다 낮은 가격에 판매해야만 해요.

B What about the shipping costs?*

A 그들에게 우리 쪽에서 부담한다고 전하고 당장 일본에 전화해 주세요.

B I'm on it,* Ms. Smith.

I'm on it. = 그렇게 하겠습니다., 그렇게 하고 있습니다.

바이어와의 문제! 당신이 해결해 보시겠습니까? 위기가 기회죠.
잘 해결한다면 당신은 회사의 영웅이 될 수도 있습니다.

A Mr. Kim, we have some business to discuss.

B 그러죠, 스미스 부장님.

A I just got off the phone* with one of our representatives in Japan.

B 무슨 문제라도 있나요?

get off the phone = 전화를 끊다

A It seems one of the buyers is very unhappy.

B 무엇이 문제인가요?

A They were expecting a very large shipment.*

shipment = 선적, 출하

B 지연되었나요?

A Yes.

B 이럴 수가. 그게 저희의 중요 고객 중 하나인가요?

A Unfortunately, yes.

B 제가 당장 공장에 전화해서 무슨 일이 있었는지 알아보겠습니다.

make an offer = 제안하다

A We will have to make an offer* to keep their business.

B 제가 무엇을 제안하면 좋겠습니까, 스미스 부장님?

A We will have to sell to them below market price.

B 운송비는 어떻게 하나요?

A Tell them we will cover* that and call Japan immediately.

B 그러겠습니다, 스미스 부장님.

cover = ~을 떠맡다, (경비를) 부담하다

문제가 생겼을 때는 유창한 영어도 좋지만
정말 미안한 표정과 어투로 말하는 것이 도움이 됩니다.

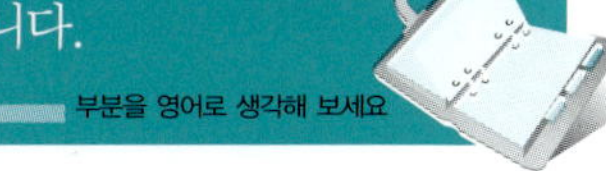

A 안녕하세요, 슐츠 씨.

B Good morning, Mr. Kim.

A 당신쪽 일은 어떻게 되어가고 있습니까?

B Not very good.

A 무슨 문제입니까, 슐츠 씨?

B We haven't received any invoices for the past two months.

A 당장 저희 영업부와 확인해 보겠습니다.

B It's very important for accounting and tax purposes.

A 이해합니다, 슐츠 씨.

B Is it possible to get them electronically?*

electronically = 전자적으로, 즉 이메일 등으로

A 아직 그것에 대해 알아보는 중입니다.

B Mr. Kim, this is unacceptable.

A 하루 빨리 운송장을 보내 드리겠습니다.

B It's important that we document* every purchase.

A 네, 이해합니다, 슐츠 씨.

B If you want our business, you need to get organized.*

A 불편을 드린 데 대해 진심으로 사과드립니다.

B I hope we will receive invoices in the future.

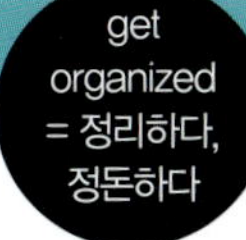

진정 미안한 마음으로 대화에 임하고 계신가요? 영어실력만큼이나 진심이 당신 앞에 놓인 문제를 해결하는 데 도움이 될 것입니다.

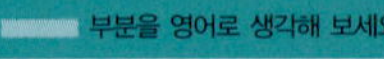
부분을 영어로 생각해 보세요

A Good morning, Ms. Schultz.

B 안녕하세요, 김 과장.

A How's business on your end?*

on your end = 당신측, 귀사측

B 별로 좋지 않습니다.

A What seems to be the problem, Ms. Schultz?

B 우리는 지난 두 달 동안 아무 송장도 받지 못했습니다.

A I'll check with our sales department right away.

B 그것은 회계와 세금 용도로 굉장히 중요합니다.

A I understand, Ms. Schultz.

B 온라인으로 받는 게 가능하겠습니까?

A We are still looking into* that.

look into = ~을 조사하다, 살펴보다

B 김 과장, 이것은 용납하기 힘듭니다.

A We will get you those invoices as soon as possible.*

as soon as possible = 가능한 한 빨리

B 우리는 모든 구매에 대해 기록하는 것이 중요합니다.

A Yes, I understand, Ms. Schultz.

B 우리와 거래를 원하신다면 정리정돈이 되셔야겠습니다.

A We sincerely apologize for any inconvenience.*

inconvenience = 불편, 폐

B 앞으로는 우리가 송장을 받아 볼 수 있기를 바랍니다.

Must Pick-Up Expressions and Words

꼭 알고 넘어가야 하는 단어·표현들

- □ **Is there a problem?** 문제가 있습니까?
- □ **big client** 큰 고객, 즉 중요한 고객
- □ **shipping cost** 운송비
- □ **I'm on it.** 그렇게 하겠습니다., 그렇게 하고 있습니다.
- □ **get off the phone** 전화를 끊다
- □ **shipment** 출하, 선적
- □ **make an offer** 제안하다
- □ **market price** 시장 가격, 시세
- □ **cover** ~을 떠맡다, (경비를) 부담하다
- □ **immediately** 바로, 즉시
- □ **invoice** 송장, 화물 명세서
- □ **electronically** 전자적으로, 즉 이메일 등으로
- □ **unacceptable** 용납하기 어려운, 받아들이기 어려운, 마음에 안 드는
- □ **document** 기록하다, 보도하다
- □ **purchase** 구입(품)
- □ **get organized** 정리하다, 정돈하다
- □ **in the future** 앞으로, 장래의, 장차
- □ **on your end** 당신측, 귀사측
- □ **look into** ~을 조사하다, 살펴보다, 들여다보다
- □ **as soon as possible** 가능한 한 빨리 (ASAP라고도 한다.)
- □ **sincerely** 진심으로, 진정으로
- □ **apologize** 사과하다 (I'm sorry.보다는 미안한 마음이 클 때 또는 좀 더 격식을 차려 얘기할 때 쓰임)
- □ **inconvenience** 불편, 폐

Jay's Coaching

누가 그러더군요. 이야기 나눌 때 세 가지만 말하면 성공적인 대화를 할 수 있다고. 그건 바로 Sorry., Thank you., I love you. 즉, 겸손하게 상대를 존중하면 성공적으로 대화할 수 있다는 말입니다. 비즈니스를 할 때도 의사소통은 기본이고 이렇게 겸손한 자세로 미안하다고, 고맙다고 그리고 사랑한다고(오해받지 않게) 말한다면 어떤 문제가 있더라도 또 얼마만큼 상대가 화가 나 있더라도 곧 누그러질 것입니다. 어떠세요? 미안하다는 말로 문제를 쉽게 풀어 보시겠습니까?

DAY-17 일차

오늘은 회사동료를 격려하고 칭찬하는 대화를 해 볼까요?
칭찬하는 데 열심히 하지 않을 사람이 어디 있을까요?
칭찬이야말로 진정 대인관계 기술 중 넘버원입니다. 16일차에서 문제를 해결할 때와 마찬가지로 진심을 담아 칭찬한다면 상대방은 금세 기분이 좋아져 당신의 팬이 될 것입니다.
자, 그럼 영어로 칭찬하고 격려하는 연습을 해 볼까요?
그냥 자신 있게 큰소리로 진심을 담아 말하면 됩니다.
물론 바디랭귀지나 목소리의 톤도 최대한 부드럽고 편안하게 해야겠죠?

칭찬하고! 축하하고! 격려하고!

매일매일이 오늘만 같다면 얼마나 좋을까요?

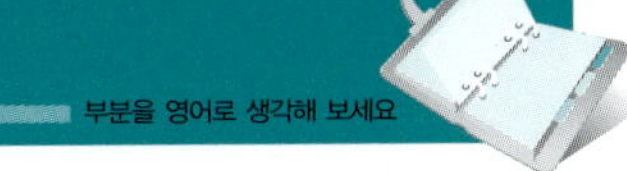

부분을 영어로 생각해 보세요

A 수고하신 모든 일에 감사드리고 싶었습니다.

B Thank you, Ms. Smith.

A 당신은 스미스-워커 건을 정말 훌륭히 해냈습니다.

B Thank you for the opportunity.

A 당신의 모든 수고가 정말 성과를 거두었습니다.

B The Walker firm is going for the deal?*

go for the deal = 거래하다, 추진하다

A 네. 당신 덕분이에요. 당신이 해냈습니다!

B Congratulations, Ms. Smith. You must be thrilled.*

thrilled = 짜릿한, 감동한

A 당신의 지도력이 이번 프로젝트에서 우리 팀을 승리로 이끌었어요.

B I can't take all of the credit.* Our team worked hard.

credit = 명예, 칭찬

A 전 당신과 팀원들을 저녁식사에 데려가고 싶습니다.

B Yes, we should celebrate!

A 저녁식사 때 누가 루이스의 자리를 이어받을 건지 발표할 것입니다.

B I'll gather the team and tell them the good news.

A 계속 잘해 주세요, 김 과장. 그리고 승진이 예상되고 있어요.

B I'll do my best.

A 팀원들에게 저녁식사가 6시라고 말씀해 주세요.

B See you then, Ms. Smith.

열심히 일한 당신, 드디어 좋은 날들이 눈앞에 있습니다.
이런 상황에서는 어떻게 축하하고 축하받는지 알아봅시다!

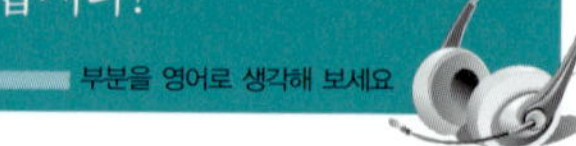

A I wanted to thank you for all of your hard work.

B 감사합니다, 스미스 부장님.

A You did a great job on the Smith-Walker file.*

file = (거래) 건; 서류철

B 기회를 주셔서 감사합니다.

A All of your hard work really paid off.*

pay off = 성과가 있다

B 워커 사가 거래를 추진한답니까?

A Yes, thanks to you. You sold it to them!

B 축하드려요, 스미스 부장님. 짜릿하시겠군요.

A Your leadership on this project led our team to victory.

B 제가 그 공을 다 받을 순 없습니다. 우리 팀이 열심히 일했지요.

A I'd like to take you and the team out for dinner.

B 네. 우리는 축하해야 합니다!

A At dinner, I will announce who will take over for Louis.

B 팀원들을 모아서 좋은 소식을 전하겠습니다.

A Keep up the good work, Mr. Kim, and a promotion is in the cards.*

in the cards = 예상되는

B 최선을 다하겠습니다.

A Tell the team dinner will be at 6 o'clock.

B 그때 뵙겠습니다, 스미스 부장님.

DAY - 17

칭찬은 고래도 춤추게 한다고 하죠?

부하 직원에게 칭찬 한마디 건네 보세요!

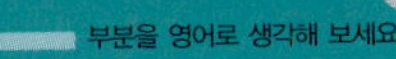

부분을 영어로 생각해 보세요

A 방금 독일측과 통화했어요.

B Did they enjoy our visit?

A 그래요. 김 과장, 그들이 당신에 대해 이야기를 많이 했어요.

B All good I hope.

A 그들은 당신을 매우 맘에 들어했어요.

B I think I persuaded* them pretty well.

> persuade = 설득하다

A 당신의 활기찬 성격이 이번 거래에 정말 도움이 되었습니다.

B Oh, really?

> worth = ~할 가치가 있는

A 당신이 그들을 아주 잘 납득시켰어요.

B Well, I believe it was worth* it for them and the company.

A 전 당신의 협상능력에 정말 감동했어요.

B I learned from the best.

A 당신은 타고난 재능이 있는 것 같아요.

B Thank you, Ms. Smith.

A 당신이 일본에서 그 문제를 다뤘던 방식 역시 감탄할 만했어요.

B Does this mean you will consider* me for a promotion?

> consider = 고려하다, 간주하다

A 당신은 확실히 제 리스트에 있습니다.

B That's great, Ms. Smith!

외국인 성대모사는 잘되고 있나요?
반드시 성대모사한다는 생각으로 따라 말해 봐야 합니다.

부분을 영어로 생각해 보세요

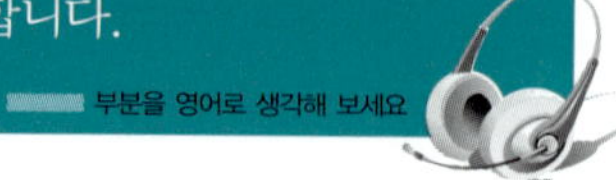

A I just spoke with the Germans.

B 그들이 우리의 방문을 달가워했나요?

A Yes, Mr. Kim. They talked about you a lot.

B 전부 좋은 얘기였기를 바라요.

A They loved you.

B 제가 그들을 꽤 잘 설득시킨 것 같아요.

A Your dynamic* personality really helped with this deal.

B 아, 정말요?

> dynamic = 활기찬, 역동적인

A You were very good at convincing them.

B 그게 그들과 우리 회사를 위해 가치 있는 일이었다고 믿습니다.

A I'm really impressed with your negotiation skills.

B 최고수로부터 배웠잖습니까?

A I think you have a natural talent.*

> natural talent = 타고난 재능, 천부적 재능

B 감사합니다, 스미스 부장님.

A The way you managed the issue in Japan was also admirable.*

B 그 말은 제 승진을 고려하시겠다는 의미인가요?

> admirable = 감탄할 만한, 훌륭한

A You are definitely on my radar.*

B 그거 잘됐네요, 스미스 부장님!

> You're on my radar = 레이더망 안에 있다, 즉 리스트에 있다.

Must Pick-Up Expressions and Words

꼭 알고 넘어가야 하는 단어·표현들

- □ **go for the deal** 거래하다, 추진하다
- □ **thrilled** 짜릿한, 감동한, 감격한
- □ **credit** 면성, 명예, 칭찬, 영예
- □ **celebrate** 경축하다, 축하하다
- □ **gather** 모으다, 소집하다
- □ **I'll do my best.** 최선을 다하겠습니다.
- □ **hard work** 열심히 한 일, 수고
- □ **file** (거래) 건; 서류철
- □ **pay off** 성과가 있다, 결과가 나오다
- □ **You sold them.** 당신이 그들에게 팔았다. 즉, 당신이 성공시켰다.
- □ **victory** (전쟁, 싸움 등에서) 승리, 승전
- □ **announce** 알리다, 공지(공표)하다, 전하다, 선언하다
- □ **in the cards** 예상되는, 아마 ~인 듯한, 있을 수 있는
- □ **All good I hope.** (자신에 대한 모든 얘기들이) 좋았기를 바란다.
- □ **persuade** 설득하나, ~을 믿게 하다, 납득시키다
- □ **worth** ~할 만한 값어치가 있는, ~할 가치가 있는
- □ **learn from the best** 최고수로부터 배우다 (문맥상 스미스 부장님의 칭찬에 최고인 당신으로부터 배웠기 때문이라고 공을 부장에게 돌리는 겸손한 말)
- □ **consider** 숙고하다, 참작하다, 고려하다, 간주하다
- □ **love** 매우 좋아하다
- □ **dynamic** 활기찬, 동적인, 정열적인
- □ **convincing** 납득시키는, 설득하는
- □ **natural talent** 타고난 재능, 천부적 재능
- □ **admirable** 감탄할 만한, 훌륭한
- □ **You are on my radar.** 너는 내 레이더 안에 있다. 즉, 내가 너를 관심 있게 지켜보고 있다.

Jay's Coaching

〈3030 English〉 1편, 2편, 실전대화편에서는 아마도 사전 찾아볼 일이 거의 없었을 것입니다. 의도적으로 우리나라에서 고등학교를 졸업한 독자분이라면 누구나 알 만한 그런 단어들을 사용했기 때문입니다. 하지만 데이트편도 그렇고 본책도 모르는 단어들이 꽤 많이 나오죠? 그렇다고 외우기 싫은데 억지로 외우면 오히려 역효과가 나니까 그러지 마세요! 그냥 자연스럽게 입에 익을 때까지 대화문 전체를 반복해서 말해 보는 방법을 사용하시기 바랍니다.

DAY-18일차

연봉협상… 아주 중요하죠?
어떻게 하느냐에 따라 1년 동안의 급여가 결정되니까요.
물론 우리나라 다수의 회사에서는 연봉협상 자체가
별 의미 없다는 말도 있더군요.
하지만 서양권에서는 보편화된 개념이니까 당연히 할 수 있어야 합니다.
그리고 연봉과 함께 회사에서 자주 거론될 수 있는
부서간 이동과 승진에 관한 내용도 이번 기회를 통해 말해 보자고요~

DAY - 18

매년 연봉 협상, 당신은 어떻게 하고 있고 앞으로 어떻게 할 건가요?
자신 있고 당당하게 이렇게 말해 봅시다.

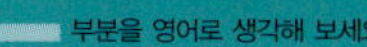 부분을 영어로 생각해 보세요

A 김 과장, 당신의 임금 인상에 대해 이야기할 시기입니다.

B Great.

A 올해 당신의 성과는 눈에 띄게 좋았습니다.

B Thank you, Ms. Smith.

A 당신은 우리 팀의 소중한 일원이에요.

B I feel I have grown and I have a lot to offer.

A 얼마만큼의 임금 인상을 기대하고 있나요, 김 과장?

B What do my background and qualifications entitle me to?★

entitle to = ~에 자격을 주다

A 협상할 용의가 있습니다.

B I have researched my market value.★

market value = 시장 가치

A 그런데요?

B I'm looking for a 10% salary increase.

A 가능해요. 왜 제가 당신에게 이 임금인상을 해 줘야 하는지 말해 보시겠어요?

B Ma'am, I've been a keen★ and successful negotiator.

keen = 예리한

A 동의합니다.

B I've brought over 1 million dollars in revenue to the company.

A 이것이 나의 제안입니다.

B I will look it over★ tonight and let you know tomorrow, ma'am.

문화적인 차이이기도 하지만 서양문화에서는
연봉협상에서도 자신이 하고 싶은 말은 하는 것이 당연합니다.

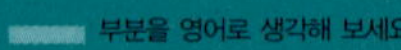 부분을 영어로 생각해 보세요

A Mr. Kim, it's time to talk about your raise.

B 좋습니다.

A Your performance★ this year has been outstanding.

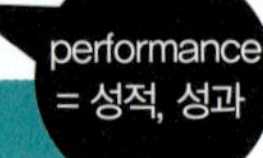

B 감사합니다, 스미스 부장님.

A You are a valued member of our team.

B 제가 성장한 느낌이고 회사를 위해 할 수 있는 게 많다고 생각합니다.

A How big of a raise are you looking for, Mr. Kim?

B 저의 배경과 능력이면 어떤 자격이 있을까요?

A I'm open to★ negotiation.

I'm open to = ~할 용의가 있다

B 제가 제 시장 가치를 조사해 보았습니다.

A And?

B 저는 10%의 연봉 인상을 기대합니다.

A It's possible. Tell me why I should give you this raise.

B 부장님, 저는 예리하고 성공적인 협상가였습니다.

A Agreed.

B 저는 회사에 백만 달러가 넘는 수익을 가져왔습니다.

A Here is my offer.★

offer = 제안

B 제가 오늘밤에 훑어보고 내일 말씀드리겠습니다, 부장님.

회사에서의 부서 이동과 승진에 관한 이야기는
언제나 가슴 떨립니다.

A 우리 부서에 변화를 좀 줬으면 합니다.

B What were you thinking, Ms. Smith?

A 난 조직 구조를 바꿨으면 합니다.

B We should mimic* corporate headquarters.

mimic = 흉내내다

A 그만큼 실용적이 되길 바랍니다.

B What changes do you have in mind?*

have ~ in mind = ~에 대해 생각하다

A 나는 린다를 관리부에서 경리부로 옮겼으면 합니다.

B I think it's a good idea.

A 그녀의 능력이 아래층에서는 발휘되지 않고 있습니다.

B What about the open* Director of Finance position?

open = 열려 있는, 비어 있는

A 난 래리가 여기로 올라와서 우리의 재정을 감독했으면 합니다.

B I agree. He did great work on last year's budget.*

budget = 예산

A 그리고 김 과장, 나는 당신이 내 오른팔이 되어 줬으면 합니다.

B Does this mean I'd be promoted?

A 네, 당신은 임원이 될 것입니다.

B I'd love to be!

A 월별 예산에 따라, 개편을 시작하겠습니다.

B I look forward to seeing the changes, Ms. Smith.

승진된다는 얘기를 듣는 것만큼 좋은 일이 어디 또 있을까요?
대화가 대화이니만큼 기쁜 감정을 실어서 대화에 임해 보자고요.

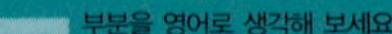 부분을 영어로 생각해 보세요

A I'd like to make some changes to our department.

B 어떤 것을 생각중이셨습니까, 스미스 부장님?

A I'd like to change the organizational★ structure.

organizational = 조직의

B 본사를 모방하는 것이 좋을 것 같습니다.

A I'd like to become as functional.★

as functional = ~만큼 실용적인

B 어떤 변화를 염두에 두고 계십니까?

A I'd like to bring Linda up from admin into Finance.

B 좋은 생각인 것 같습니다.

A Her skills are not being used down there.

B 비어 있는 경리부장 자리는요?

A I want Larry up here overseeing★ our finances.

oversee = 감독하다, 두루 살피다

B 저도 동의합니다. 그는 작년 예산 작업을 훌륭하게 해냈어요.

A And, Mr. Kim, I'd like you to become my righthand man.★

righthand man = 오른팔, 측근

B 제가 승진된다는 말인가요?

A Yes, you'd become an executive officer.★

executive officer = 임원

B 너무 좋습니다!

A Depending on our monthly budget, I will begin making changes.

B 변화를 기대하겠습니다, 스미스 부장님.

Must Pick-Up Expressions and Words

꼭 알고 넘어가야 하는 단어·표현들

- □ **I feel I have grown.** (업무적인 측면) 내가 자란 느낌이다. 즉, 성장한 느낌이다.
- □ **qualification** 조건, 자격, 권한
- □ **entitle to** ~에 자격을 주다
- □ **market value** 시장 가치
- □ **salary** (회사원의) 봉급, 급료
- □ **keen** 예리한
- □ **negotiator** 협상가
- □ **look over** ~을 훑어보다, ~을 조사하다
- □ **raise** 올리다, 일으키다; 임금인상, 가격인상
- □ **performance** 성적, 성과
- □ **outstanding** 눈에 띄는, 걸출한, 현저한
- □ **I'm open to** ~할 용의가 있다
- □ **And?** 그리고요?, 그런데요? (한번 말해 보시죠?의 뉘앙스)
- □ **It's possible.** 가능합니다. (반대 표현은 It's impossible.)
- □ **offer** 제안
- □ **mimic** 흉내내다
- □ **have ~ in mind** ~에 대해 생각하다, 염두에 두다
- □ **open** 열려 있는, 비어 있는
- □ **budget** 예산
- □ **organizational** 조직의
- □ **structure** 구조
- □ **as functional** ~만큼 실용적인, 기능적인
- □ **finance** 경리부; 재정, 자금
- □ **oversee** 감독하다, 두루 살피다
- □ **righthand man** 오른팔, 측근
- □ **executive officer** 임원

Jay's Coaching

외국계 회사에 다니는 친구들을 통해 들은 이야기인데, 우리나라에서 오래 근무한 외국인 중역들 중에는 이미 우리나라 사람이 다 된 분들도 많다고 합니다. 그 중에는 우리보다 더 예의나 겸손을 중시하는 분들도 있다고 하더라고요. 그러니까 자신있게 자기 주장을 펴더라도 상대를 파악해서 그 상대에 맞게 적절하게 하시기 바랍니다. 우리나라에 뭐 그런 얘기 있죠? 누울 자리를 보고 다리를 뻗으라고. 상대에 따라 적절하게 본인이 의도하는 연봉인상을 이끌어낼 수 있게 최선을 다해 보세요. (사람마다 조금씩 다르겠지만 그래도 서양인들은 연봉 협상 같은 부분에 있어 더 개방적인 것이 사실입니다.)

DAY-19 일차

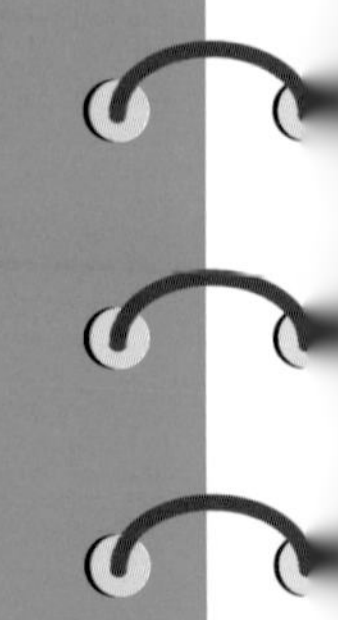

자, 오늘부터는 출장의 시작입니다.
사실 오늘은 출장 준비라고 할 수 있겠죠?
비행기와 호텔 예약이니까요. 해 보셨어요? 안 해 봤음 말을 마세요.
그럼, **오늘은 비행기 예약과 호텔 예약을 한번 해 보겠습니다.**
항상 변수가 있을 수 있겠지만 이런 경우에는 대화에
어느 정도 형식이 정해져 있기에 저랑 한번 연습해 보시면
비행기나 호텔 예약은 누워서 떡 먹기보다 더 쉬울 것입니다.

DAY - 19

자, 이제 비즈니스의 꽃 출장입니다.
출장을 가려면 당연히 비행기 예약을 해야겠지요?

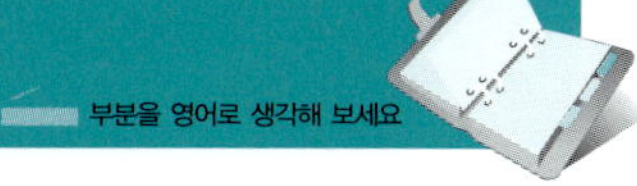

부분을 영어로 생각해 보세요

A 안녕하십니까, 태국항공입니다. 무엇을 도와드릴까요?

B I need to book a flight★ to the US.

flight = 비행기(편), 항공(편)

A 어디로 그리고 언제 비행기를 타실 거죠?

B New York, JFK Airport for the 30th of March.

A 이코노미석으로 하시겠습니까, 선생님?

B Business class, please.

A 항공편 가능 여부를 확인해 보겠습니다.

B Thank you.

A 서울에서 출발하여 시카고에서 환승하는 비행편이 있습니다.

B How long is the layover?★

layover = 환승대기

A 시카고에 오후 5시에 도착해서 7시 반에 떠납니다.

B Will I have enough time to go through customs?★

custom = 세관; 관습

A 딱 적당합니다.

B Will my bags go all the way★ through to New York?

all the way = 끝까지, 내내, 줄곧

A 네, 그렇습니다.

B Great.

A 지금 당장 예약해 드릴까요, 선생님?

B Yes, please do.

우리나라 항공사라면 영어로 예약할 필요가 없겠지만
외국 항공사를 이용해야 하는 경우도 생길 테니 미리 연습해 두셔야겠죠?

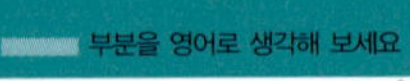

A Good afternoon, Thai Air. How can I help you?

B 미국으로 가는 비행기를 예약하려고요.

A Where will you be flying to* and on what date?

B 뉴욕, JFK공항으로 3월 30일입니다.

fly to = ~로 비행하다

A Will that be economy, sir?

B 비즈니스 클래스로 부탁드립니다.

A Let me check flight availability.

B 감사합니다.

transfer = 환승; 환승하다

A There is a flight out of Seoul with a transfer* in Chicago.

B 경유 대기는 얼마동안 합니까?

A You'd arrive in Chicago at 5:00 pm and depart* at 7:30 pm.

B 세관 통과할 시간은 충분히 있을까요?

depart = 출발하다, 떠나다

A You should be just fine.

B 제 가방들은 뉴욕으로 쭉 가나요?

A Yes, they will.

B 좋아요.

A Should I book you right now, sir?*

B 네, 그렇게 해주세요.

Should I ~? = 제가 ~할까요?

DAY - 19

비행기만 예약한다고 끝이 아니죠…
숙소도 예약해야겠죠?

부분을 영어로 생각해 보세요

A 안녕하십니까, 뉴욕 힐튼호텔입니다. 무엇을 도와드릴까요?

B I'd like to make a reservation* for March 30th.

make a reservation = 예약하다

A 특별히 선호하시는 게 있으십니까?

B I'll be needing a suite* with Internet.

suite = 스위트룸

A 뭐가 있는지 확인해 보겠습니다.

B I will be checking in late.

A 그건 괜찮습니다, 선생님. 묵으실 수 있는 방이 하나 있습니다. 몇 박이십니까?

B Four.

A 그 4일 밤 모두 쓰실 수 있는 훌륭한 스위트룸이 있습니다.

B I'll take it.

A 성함과 신용카드 번호, 부탁드립니다.

B Jay Kim, 4519 0108 8876 5497 expiry date* 08/12.

A 카드 종류는요?

B American Express, it's the company credit card.

A 고객님은 승인된 사용자이신가요?

B Yes, ma'am.

A 김 선생님, 당신의 예약번호는 2J9XTU입니다. 곧 뵙겠습니다.

B Thank you. Have a nice day.

DAY - 19

전화로 예약은 물론 확인까지 해두셔야 합니다.
현지에서 방이 예약되지 않은 황당한 상황을 접하고 싶지 않으시다면요.

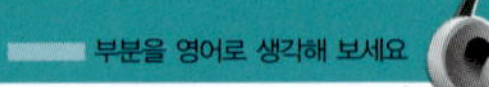

A Good afternoon, Hilton New York. How may I help you?

B 3월 30일로 예약하고 싶습니다.

A Do you have any special preferences?★

B 전 인터넷이 되는 스위트룸이 필요해요.

A Let me see what we have.

B 저는 체크인을 늦게 할 거예요.

A That's fine, sir. We have one suite available. How many nights?★

B 4박입니다.

A We have a lovely suite available for all of those 4 nights.

B 그걸로 하겠습니다.

A Name and credit card number, please.

B 김제이이고 번호는 4519 0108 8876 5497, 유효기간은 2012년 8월입니다.

A Card type?

B 아메리칸 익스프레스입니다. 회사 신용카드입니다.

A Are you an authorized★ user?

authorized = 권한을 부여 받은, 승인된

B 네.

A Mr. Kim, your reservation code★ is 2J9XTU. See you soon.

B 고마워요. 좋은 하루 보내세요.

reservation code = 예약번호

Must Pick-Up Expressions and Words

꼭 알고 넘어가야 하는 단어·표현들

- □ **flight** 비행기(편), 항공(편)
- □ **layover** 경유, 도중하차
- □ **go through** 가로지르다, 빠져나가다, 통과해가다
- □ **custom** 세관; 관습, 풍습
- □ **all the way** 끝까지, 내내, 줄곧
- □ **Yes, please do.** 그렇게 해 주세요.
- □ **fly to** ~로 비행하다
- □ **economy (class)** 이코노미석, 3등석 (일반적으로 비행기에는 3가지 등급의 좌석이 있는데 가장 저렴한 economy class부터 business class, first class로 나뉜다)
- □ **transfer** 환승; 환승하다
- □ **depart** 출발하다, 떠나다
- □ **be just fine** 딱 좋다, 적당하다
- □ **Should I ~?** 제가 ~할까요?
- □ **I would like to ~** ~하고 싶습니다. (I want to ~ 보다 좀 더 격식 있고 공손한 표현)
- □ **make a reservation** 예약하다
- □ **suite** 스위트룸(호텔에서 침실과 거실, 응접실 등이 별도로 있는 크고 비싼 방)
- □ **check in** (호텔 등에서) 숙박절차를 밟다, (비행기를 타기 위한) 수속절차를 하다
- □ **I'll take it.** 제가 그것을 갖겠습니다. 즉, 그걸로 할게요.
- □ **expiry date** 유효기일
- □ **How may I help you?** = Can I help you?, May I help you?, What can I do for you? 모두 같은 의미로 사용됨.
- □ **preference** 좋아하는 물건, 더 좋아하는 것, 선호하는 것
- □ **How many nights?** 며칠 밤 묵으실 겁니까? (뒷부분이 생략된 문장)
- □ **authorized** 권한을 부여받은, 승인된
- □ **reservation code** (보통 방을 예약하면 부여되는) 예약번호

Jay's Coaching

여행사 분들이나 관광업에 종사하는 분들이 들으면 화내시겠지만 19일차를 제대로 마치신 분들은 외국 비행사나 호텔에 국제 전화를 거셔서 한번 연습해 보세요. 물론 예약 후 바로 취소하면 되니까 걱정 마시고요. 마지막에 I'd like to cancel the reservation. Thank you. 장난 전화하듯 자주 하시면 안 되고요. 한 번 정도만 해 보세요! 제대로 학습하는 방법이긴 한데 왠지 이 방법을 알려 드린 제가 미국 호텔업 종사자들께 죄송한 생각이 드네요.

DAY-20 일차

미국에 가려면 비자가 있어야겠죠?
그럼 비자를 받은 후에는 어떻게 해야 할까요?
당연히 비행기를 타고 슝~ 날아가야겠죠?
그래서 오늘은 비자 인터뷰와 비행기 탑승 수속하는
연습을 해 보겠습니다. 벌써부터 기대되신다고요?
당연히 그래야죠. 공항만 가도 설레잖아요!
자, 그럼 당당하게 큰소리로
비자 인터뷰와 탑승 수속에 임해 보자고요~

DAY - 20

드디어 출장길에 오르게 된 당신,

우선은 비자 인터뷰를 해야겠네요. 어떤 대화가 오가는지 알아볼까요?

▬ 부분을 영어로 생각해 보세요

A 안녕하세요, 김 선생님.

B Good morning.

A 언제 여행하실 건가요?

B Two months from now.*

two months from now = 지금부터 두 달 뒤

A 당신의 방문 목적을 말씀해 주시겠습니까?

B I'm going for business.

A 조금 더 구체적으로 말씀해 주시겠습니까, 선생님?

B I will be consulting with business associates.*

business associate = 사업상 고객

A 어떤 사업에 종사하고 계십니까?

B I am working for KIA as* an engineer.

as = ~로서

A 목적지는 어디십니까, 선생님?

B I am going to GM office in New York.

A 미국에 얼마나 머무르실 걸로 예상하십니까?

B Just for one week.

A 혼자 여행하십니까?

B No, I'll be going with one of my colleagues.*

A 좋습니다. 좋은 여행 되십시오, 김 선생님.

B Thank you.

긴장하실 것 없습니다. 해 보면 아시겠지만
정말 별거 아니거든요! 자신감을 가지세요!!!

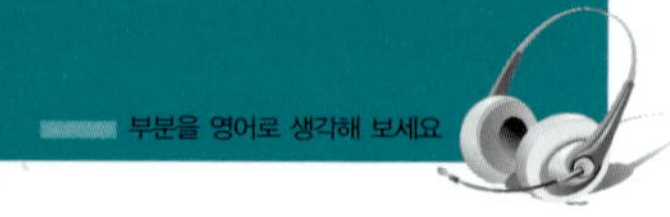

A Good morning, Mr. Kim.

B 안녕하세요.

A When will you be traveling?

B 지금으로부터 2달 뒤입니다.

A Could you tell me the purpose of your visit?★

B 사업상 갑니다.

A Can you be a little more specific, sir?★

specific = 자세한, 구체적인

B 사업 관계자들과 상담을 할 것입니다.

A What kind of business are you in?

B 저는 기술자로 기아에서 일하고 있습니다.

A What is your destination, sir?★

B 저는 뉴욕에 있는 GM 사무소로 갑니다.

A How long do you expect to stay in the USA?★

expect to = ~할 것을 기대하다, 예상되다

B 딱 1주일 동안입니다.

A Are you traveling alone?

B 아니오, 제 동료 한 명과 갈 겁니다.

A Great. Have a nice trip, Mr. Kim.

B 감사합니다.

DAY - 20

저도 기억납니다. 영국유학 시절 혼자 미국으로 가는 비행기를 타기 위해 탑승수속 밟던 그 순간, 아찔하더군요. 처음 하는 거라…

부분을 영어로 생각해 보세요

A 안녕하세요, 선생님.

B Hello.

A 성함 부탁드립니다.

B Jay Kim.

A 오늘 어디로 떠나십니까?

B New York.

A 맡길 짐이 있으십니까?

B One suitcase.★

suitcase = 여행가방

A 본인이 직접 싸셨나요?

B Yes.

A 통로쪽 자리가 좋으세요, 아니면 창가 자리가 좋으세요?

B A window seat,★ please.

window seat = 창가 자리

A 여기 선생님의 탑승권이 있습니다.

B Great.

A 비즈니스 클래스의 사전 탑승을 위해 271번 게이트로 가십시오.

B Is that in this terminal?★

terminal = 터미널

A 아니오. Z4로 가는 기차를 타셔야 합니다. 좋은 비행기 여행 되십시오.

B Thank you. Have a nice day.

창가 자리로 할지 통로쪽 자리로 할지 아직 못 정하셨나요?
자신 있게 말해 보세요! 전망 좋은 창가 자리를 원한다고!!!

A Good afternoon, sir.

B 안녕하세요.

A Name, please.

B 김제이입니다.

A Where are you flying to today?

B 뉴욕입니다.

A Do you have any baggage* to check?

baggage = 수화물, 가방

B 여행가방 1개가 있습니다.

A Did you pack this yourself?

B 네.

A Would you like an aisle seat* or a window seat?

aisle seat = 통로쪽 자리

B 창가 자리로 부탁합니다.

A Here is your boarding pass.*

boarding pass = 탑승권

B 좋아요.

A Please go to Gate 271 for business class pre-boarding.*

pre-boarding = 사전탑승

B 그게 이 터미널 안에 있나요?

A No, you'll need to catch the train to Z4. Have a nice flight.

B 감사합니다. 좋은 하루 되세요.

Must Pick-Up Expressions and Words

꼭 알고 넘어가야 하는 단어·표현들

- □ **two months from now** 지금부터 두 달 뒤
- □ **business associate** 사업 관계자
- □ **as** ~로서 (as a student 학생으로서, as a mom 엄마로서)
- □ **just for one week** 딱 일주일 동안
- □ **colleague** (같은 직업, 일을 하는) 동료
- □ **Could you ~ ?** ~해주시겠습니까? (Can you~?보다 더 정중한 표현)
- □ **purpose of visit** 방문 목적
- □ **specific** 구체적인, 명확한
- □ **What kind of ~ ?** 무슨 종류의, 어떤 종류의 ~?
- □ **destination** 도착지, 목적지, 행선지
- □ **expect to** ~할 것을 기대하다, 예상되다
- □ **suitcase** 여행가방
- □ **window seat** 창가 자리
- □ **terminal** 터미널
- □ **baggage** 수화물, 가방
- □ **check** (직접 들고 타지 않고) 부치다, 맡기다
- □ **aisle seat** 통로쪽 자리
- □ **boarding pass** (비행기나 기차 등의) 탑승권
- □ **pre-boarding** 사전탑승
- □ **catch the train** 기차를 잡다, 기차를 타다

Jay's Coaching

제가 아는 부장님의 이야기입니다. 처음 비행기를 타고 영국에 가셔서 일을 마치고 한국에 돌아오기 위해 탑승수속을 하는데 "아이슬 시트 플리즈!" (즉 통로쪽 자리)라고 하셨다고 합니다. 그러니까 직원은 "유민 아일 싯트? (You mean an aisle seat?)" 이렇게 되물었고 부장님은 아니라고 손사레를 치시곤 다시 "아이슬 시트!" 이렇게 되풀이하기를 수차례, 결국 답답해진 부장님은 열난다며 "아따! 아임 핫! 아이슬 시트!" 직원은 그제야 알아들은 듯 "Oh! You are hot! You need somewhere cool." (오! 더위를 타시는군요! 시원한 자리가 필요하단 말씀이시죠.) 결국 추위 잘 타는 우리 부장님은 가장 시원한 비상구 옆자리를 배정받으셨답니다. aisle seat(통로쪽 자리) 발음하실 때는 s가 묵음이니까 그냥 '아일싯' 하시면 됩니다.

DAY-21 일차

비자도 받았고, 비행기도 탔으니
이제는 바로 입국심사 시간입니다.
입국심사 후딱 해 버리고 편안한 호텔로 달려가 볼까요?
출입국 심사에서 하는 질문은 정해져 있으니
그냥 편하게 대답하면 됩니다. 호텔 체크인이야 손님이 왕인데
어렵겠습니까? 그러고 보니 둘 다 별거 아니네요.
그냥 편한 마음으로 즐기듯 해 보자고요~
하지만 한 가지, **반드시 소리 내어 말하셔야 합니다.**
이젠 귀가 따가울 정도죠?

DAY - 21

엄숙한 출입국 심사입니다.
더군다나 요즘 미국은 테러 때문에 장난이 아니죠?

부분을 영어로 생각해 보세요

A 미국에 오신 걸 환영합니다, 선생님.

B Thank you.

A 여권 부탁드립니다.

B Here you are.

A 어디서 오셨습니까?

B South Korea.

A 미국 방문은 이번이 처음이십니까?

B No, it's my second visit.

A 방문 목적은 무엇입니까?

B Business.

A 얼마나 머무르실 겁니까?

B One week.

A 어디에 머무르실 겁니까?

B Downtown Manhattan, at the Hilton.★

downtown = 도심, 중심지

A 오른쪽 표시를 따라가시면 됩니다. 즐거운 방문 되십시오.

B Straight ahead?★

Straight ahead. = 곧장 앞으로

A 네, 앞으로 쭉 가세요.

B Thank you.

입국심사 때 너무 긴장하실 필요는 없습니다.
자신 있고 부드러운 어투로 성실히 대답하시면 오케이입니다!

▬ 부분을 영어로 생각해 보세요

A Welcome to America, sir.

B 감사합니다.

A Passport, please.

B 여기 있습니다.

A Where are you coming from?*

B 한국에서 왔습니다.

A Is this your first visit to the U.S.?

B 아니오, 두 번째 방문입니다.

A What is the purpose of your visit?

B 사업 때문입니다.

A How long will you be staying?

B 1주일입니다.

A Where will you be staying?

B 맨해튼 시내, 힐튼 호텔입니다.

A Follow the signs* on your right. Enjoy your stay.

B 곧장 앞으로요?

A Yes. Go straight ahead.

B 감사합니다.

비즈니스는 물론이고 여행 가도 꼭 해야 하는 호텔 체크인!
자신 있게 해 보시겠습니까?

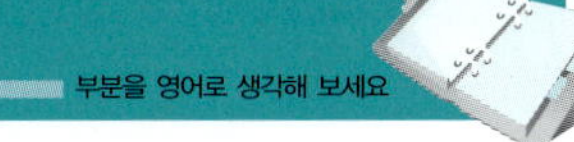

A 뉴욕 힐튼호텔에 오신 걸 환영합니다.

B Good afternoon.

A 성함과 예약 번호 부탁드리겠습니다.

B Jay Kim, 2J9XTU.

A 김 선생님, 현금으로 하시겠습니까, 아니면 신용카드로 하시겠습니까?

B On the company card* number I gave you.

company card = 회사 카드

A 선생님은 코너 스위트룸 912호로 예약되어 있습니다.

B Is there a gym in here?

A 네. 저희 체육시설은 모두 4층에 있습니다.

B I'm expecting an important guest tomorrow.

A 문제없습니다, 선생님. 그분이 오시면 올려 보내 드리겠습니다.

B Also, I'll need a boardroom tomorrow at 1:00 pm.

A 네. 선생님을 위해 첼시 회의실을 준비해 놓겠습니다.

B Terrific.*

terrific = 아주 좋은, 대단한

A 또 다른 것이 필요하십니까, 선생님?

B A wake up call* tomorrow morning at 6:30 am.

wake up call = 모닝콜

A 물론입니다. 편안한 숙박 되세요.

B Thank you very much.

이번에는 순서를 바꿔서 한번 해 보겠습니다.

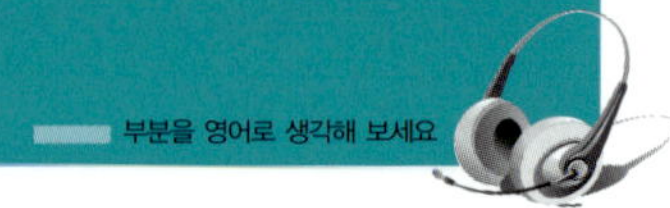

A Welcome to the Hilton New York.

B 안녕하세요.

A Name and reservation code, please.

B 김제이이고, 2J9XTU입니다.

A Mr. Kim, will you be paying by cash or credit card?

B 제가 알려 드린 회사 카드 번호로 할게요.

A We have you booked for corner suite* 912.

corner suite = 호텔 각층 구석에 위치한 스위트룸

B 여기에 체육관이 있나요?

A Yes. All of our gym facilities* are on fourth floor.

facility = 편의시설

B 내일 중요한 손님 한 분이 오실 예정입니다.

A No problem, sir. We'll send him up when he arrives.

B 또 내일 오후 1시에 회의실이 필요합니다.

A Sure. The Chelsea boardroom will be ready for you.

B 아주 좋습니다.

A Will you be needing anything else, sir?*

Will you be needing anything else? = Do you need anything else? = Anything else?

B 내일 아침 6시 반에 모닝콜을 해 주세요.

A Sure thing. Please enjoy your stay.

B 정말 감사합니다.

Must Pick-Up Expressions and Words

꼭 알고 넘어가야 하는 단어·표현들

- □ **downtown** 도심, 중심지 (맨해튼에서는 섬 남쪽에 Downtown이라는 지역이 따로 있지만 여기서는 그냥 맨해튼 시내라는 뜻으로 말한 것임)
- □ **straight ahead** 곧장 앞으로
- □ **Where are you coming from?** 당신은 어디서 왔습니까?, 출발지가 어디입니까?
- □ **Follow the sign.** 표지판을 따라가세요.
- □ **company card** 회사 카드
- □ **terrific** 아주 좋은, 대단한
- □ **wake up call** 아침에 깨워 주는 전화, 모닝콜
- □ **reservation code** 예약코드 (호텔을 예약하면 꼭 필요하다. 물론 잊으면 이름만 대도 무방)
- □ **credit card** 신용 카드
- □ **have you booked for** ~로 예약되어 있다
- □ **corner suite** 보통 호텔 각층 구석에 위치한 스위트룸으로 경치도 좋고 넓고 조용하다.
- □ **facility** 편의시설
- □ **send up** 올려 보내다
- □ **Will you be needing anything else?** 뭐 더 필요하신 것 없으세요? (= Do you need anything else?, Anything else?)

Jay's Coaching

생각만 해도 신나지 않으세요? 미국으로의 출장!!! 하지만 영어 못하는 분들은 신나는 게 아니라 오히려 겁이 날 것입니다. 하지만 너무 걱정 마세요! 막상 해 보면 별거 아니니까요. 그럼 오늘은 세계적으로 가장 까다롭다는 미국 입국심사시 주의 사항 내지는 알아두면 좋을 만한 것들 몇 가지를 알려 드리겠습니다.

1. 우선 입국심사시 지문 채취와 사진 촬영이 있습니다. 미국 내 테러에 대비한 절차이니 너무 겁내지 마시고 그냥 응하시면 됩니다.
2. 비자상의 목적과 입국심사대에서 대답한 방문 목적이 다를 경우 입국 거절 당하는 경우가 아주 가끔 발생하니까 주의하시기 바랍니다.
3. 대부분의 경우에는 그럴 일이 없으시겠지만 만 달러 이상 가지고 들어가시는 경우에는 금액을 정확히 신고하셔야 합니다.

참고로 지문 채취 및 사진 촬영은 일본에도 최근 도입되었고 우리나라에서도 곧 시행할 계획이라고 합니다. 미국에서는 이 시스템을 US-VISIT이라고 한답니다!

DAY-22 일차

환전과 렌터카 빌리기가 바로 오늘의 미션입니다.
오늘의 미션 하니까 좀 더 어렵게 느껴지나요?
그냥 말이 그렇다는 겁니다. 겁내지 마세요.
언제까지나 영어 잘하는 동료 뒤꽁무니만 졸졸 따라다니며
이것저것 부탁할 순 없잖아요? 직접 환전도 해 보고 자동차 렌트도
해 보자고요. 항상 기억하셔야 합니다.

영어는 반드시 말해 봐야 실력이 는다는 아주 기본적인 사실! 그런데 우리나라에서는 이 기본이
잘 지켜지지 않는 것 같아서 자꾸 말씀드립니다.
자, 그럼 소리 내어 말해 보자고요~

DAY - 22

출장을 왔으면 당연히 돈을 환전해야겠죠?
그럼 환전하는 법을 좀 알아볼까요?

부분을 영어로 생각해 보세요

A 돈을 좀 환전하고 싶습니다.

B What currency* do you have now?

currency = 화폐, 통화

A 한국 원화를 가지고 있습니다.

B What currency would you like?

A 미국 달러요.

B How much would you like?

A 현재 환율이 얼마인가요?

B 1 US Dollar* is 1,390 won.

US Dollars = 미국 달러, 미화

A 꽤 높네요.

B It's the economy*, sir.

economy = 경제, 경기

A 500달러를 하겠습니다.

B That will be 695,000 won.

A 여기 있습니다.

B Thank you, sir.

B A hundred, two hundred, three hundred, four hundred and five hundred dollars.

A 감사합니다.

B Have a nice day.

A 네, 그럴게요!

미국에 도착해서 자신 있게 환전을 하고 환율이 높다는 멘트까지 날려 주는 센스!

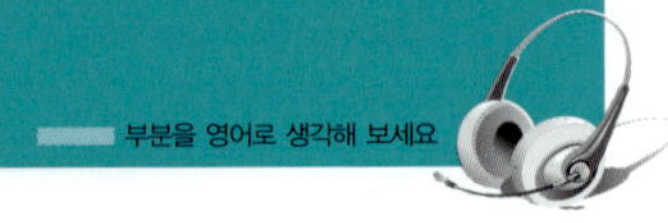

A I'd like to exchange★ some money.

B 지금 무슨 화폐를 가지고 계십니까?

A I have Korean won.

B 어느 화폐를 원하시는데요?

A US Dollars.

B 얼마나 환전하시겠어요?

A What is the current exchange rate?★

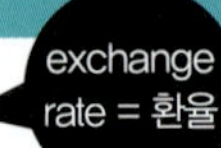

B 미화 1달러에 1,390원입니다.

A That's quite★ high.

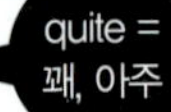

B 경제 때문에 그렇습니다, 선생님.

A I'd like $500 US Dollars, please.

B 그건 69만 5천 원이 됩니다.

A Here you are.

B 감사합니다, 선생님.

B 100, 200, 300, 400, 500달러입니다. *(세어나가면서 주는 상황)*

A Thank you.

B 좋은 하루 되세요.

A I will!

DAY - 22

영어로 차 렌트 해 보셨어요?
안 해 봤으면 말을 마세요~

▬ 부분을 영어로 생각해 보세요

A 에이비스 렌터카에 오신 걸 환영합니다. 무엇을 도와드릴까요?

B I'd like to rent a car.*

rent a car = 차를 빌리다

A 언제부터 며칠 동안 하시겠습니까, 선생님?

B From today for one week.

A 공항에서 차를 반납하시겠습니까?

B Yes.

A 여가용입니까, 출장용입니까?

B It is for corporate travel.*

corporate travel = 출장

A 네비게이션이 필요하십니까?

B Yes, definitely.

A 연료서비스 옵션을 구입하시겠습니까?

B Yes, and I'll need something to fit* 4 to 5 people.

to fit = 맞는, 탈 수 있는

A 그 기간에 쓸 수 있는 기본형 SUV가 있습니다.

B That's good. I'll take it.

A 600달러입니다. 회사용 임대는 사고보험이 무료입니다.

B Oh, that's great!

A 자동차 반납은 다음 주 밤 9시까지입니다.

B I'll see you then.

서양권 국가들은 도로표시나 지도가 매우 잘 되어 있어
렌트를 해서 돌아다녀도 별로 어렵지 않습니다.

부분을 영어로 생각해 보세요

A Welcome to Avis Car Rental. How may I help you?

B 차 한 대 빌리고 싶습니다.

A For which days, sir?

B 오늘부터 일주일 동안이요.

A Will you be returning★ the car at the airport?

B 네.

A Is this for leisure travel or corporate travel?

B 출장용입니다.

A Will you be needing GPS?★

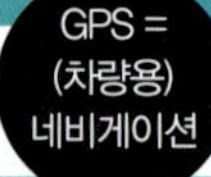

B 네, 물론이죠.

A Would you like to purchase the fuel★ service option?

B 네, 그리고 4명에서 5명이 탈 수 있는 게 필요합니다.

A We have a standard SUV available during those days.

B 좋아요. 그걸로 할게요.

A It will be $600. Accident insurance is free for corporate rentals.

B 아, 그거 잘됐네요!

A The car is due back★ next week at 9:00 pm.

B 그때 뵙죠.

Must Pick-Up Expressions and Words

꼭 알고 넘어가야 하는 단어·표현들

- □ **currency** 화폐, 통화
- □ **What currency would you like?** 무슨 화폐로 하시겠습니까? 즉, 무슨 돈으로 바꾸시겠습니까?
- □ **US Dollars** 미국 달러, 미화 (달러는 미국만 쓰는 것이 아니기 때문에 미국 달러라고 꼭 집어 얘기해 줘야 헷갈리지 않는다.)
- □ **economy** 경제 , 경기
- □ **exchange** 환전하다, 교환하다, 바꾸다
- □ **exchange rate** 환율
- □ **quite** 꽤, 아주
- □ **rent a car** 차를 빌리다
- □ **corporate travel** 회사의 여행, 즉 출장
- □ **to fit** 맞는, (여기서는 뒤에 사람 수가 나오기 때문에 그 수만큼) 탈 수 있는
- □ **which days** 무슨 날, 어떤 날 (즉 언제 차가 필요하냐는 의미)
- □ **return** 돌려주다, 반환하다
- □ **GPS** (차량용) 네비게이션
- □ **fuel** 연료
- □ **fuel service option** 렌트할 때 기름을 채워서 주는 옵션 (반납할 때 기름이 남아도 돈이 환불되지는 않는다.)
- □ **SUV** sport utility vehicle의 줄임말 (승용차 같이 편한 지프차)
- □ **due back** 반납 예정인

Jay's Coaching

영어학습 비법은 딱 두 가지가 있습니다. 첫째는 항상 소리 내어 반복해서 말해 보는 것이고, 둘째는 지루하지 않게 재미있게 하는 것입니다. 이 두 가지 외에는 그 어떤 비법도 존재하지 않습니다. 하지만 이 세상에 코미디 프로만큼 재미있는 영어 회화 책은 존재하지 않습니다. 즉, 본인이 학습에 흥을 불어 넣어야 한다는 말입니다. 실력이 늘고 있는 자신을 칭찬해 주고 힘들고 지칠 때 스스로 학습에 재미를 주어야 합니다. 이 두 가지만 잘하면 영어를 정복할 수 있습니다.

DAY-23일차

오늘은 드디어 바이어의 사무실에 찾아가는 날입니다.
우선 택시를 타고 내려 길을 물어물어 가는 상황인데 자신 있으시죠?
와! 사무실 출근인사부터 여기 미국까지 많이도 왔네요.
조금만 힘내세요. 30일이 눈앞에 보입니다.
항상 그랬듯이 오늘도 큰소리로 대화에 임해 보겠습니다.
작은 소리로 혼잣말 하듯이 하시는 분과 큰소리로
소리 지르듯 말하시는 분의 결과 차이는 어마어마하니
이 점 꼭 유념하시기 바랍니다.
자, 그럼 가 볼까요? Let's go!

드디어 뉴욕에 도착해서 길을 나섭니다.
택시도 타고 길도 물어 잘 찾아가야겠죠?

부분을 영어로 생각해 보세요

A 택시!

B Where would you like to go?

A 웨이벌리가 93번지요.

B Washington Square Park?

A 네, 최대한 가까이요.

B No problem, sir.

A 고맙습니다.

B Are you in town on business?★

> on business = 사업차, 일 때문에

A 네.

B Where from?

A 한국이요.

B Welcome to New York.

A 감사합니다. 이번이 첫 방문입니다.

B How do you like it?★

> How do you like it? = 어때?, 마음에 들어?

A 아주 흥미롭습니다! 서울과 많이 비슷해요.

B Here we are,★ 93 Waverly street.

> Here we are. = 우리가 여기 있습니다. 즉, 여기 도착했습니다.

A 얼마입니까?

B Eleven dollars, please.

우선 택시 타기 어떠세요? 그까짓 거 별거 아니죠?
교통수단 중 가장 쉽죠 뭐… 그냥 가는 곳만 말해 주면 되니까.

부분을 영어로 생각해 보세요

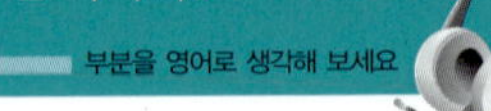

A Taxi!

B 어디로 가시겠어요?

A 93 Waverly street.

B 워싱턴 스퀘어 공원이요?

A Yes, as close as* you can get.

as ~ as = ~ 만큼, ~하는 한

B 문제없습니다, 선생님.

A Thanks.

B 사업차 도시에 오셨나요?

A Yes.

B 어디서 오셨어요?

A South Korea.

B 뉴욕에 오신 것을 환영합니다.

A Thank you. It's my first time.*

It's my first time. = (뭔가를 처음 해 보았을 때) 처음이에요.

B 어떻습니까?

A It's very exciting! A lot like* Seoul.

a lot like = ~와 많이 비슷한

B 여깁니다. 웨이벌리가 93번지입니다.

A How much?

B 11달러입니다.

DAY - 23

이제 택시에서 내려 사무실까지 찾아가야겠죠? 미국은 도로들이 구획정리가 잘 되어 있어 정확한 주소만 알면 어디든 찾기가 쉽답니다.

부분을 영어로 생각해 보세요

A 실례합니다, 아주머니?

B Yes.

A 트럼프 타워로 어떻게 가는지 아십니까?

B Well, we're at Waverly and 9th right now.

A 네, 지도에서 우리가 어디 있는지 알겠네요.

B Go straight* for 6 blocks.

go straight = 직진하다, 똑바로 가다

A 네.

B Then, take a right on Green and 15th.

A 몇 블록을 가나요?

B You will walk for 3 blocks and then take a left.*

take a right/left = 우/좌회전 하다

A 네, 지도상에서 여기까지 오게 됐네요, 그런 다음에는요?

B Go straight for one block and you are there.

A 정말 고맙습니다, 아주머니.

B No problem. Is this your first time in Manhattan?

A 네, 저는 사업 관계자의 건물에 가려는 중입니다.

B In town on business then?

A 네.

B Make sure to have a New York steak while you are here!

자세히 보니 택시 기사분이 정확한 주소지에 내려 주지 않으셨네요.
살다 살다 이런 일이… 하지만 영어공부에는 큰 도움이 되겠어요.

▬ 부분을 영어로 생각해 부세요.

A Excuse me, ma'am?

B 네.

A Do you know how to get to* Trump Towers?

> how to get to = ~에 가는 방법

B 음, 우리는 지금 웨이벌리와 9번가가 만나는 곳에 있어요.

A Yes, I can see where we are on the map.*

> where we are on the map = 지도상에 우리가 어디 있는지

B 직진으로 6블록 가세요.

A Okay.

B 그런 다음에 그린 가와 15번가가 만나는 곳에서 오른쪽으로 도세요.

A How many blocks do I go?

B 3블록 간 다음에 좌회전하세요.

A Okay, on the map that brings me here.* Then what?

B 한 블록을 직진하시면 바로 그곳입니다.

> on the map that brings us here = 지도상 우리가 여기까지 왔고, 우리가 지도상 여기에 있고

A Thank you so much, ma'am.

B 별말씀을요. 맨해튼에 처음이세요?

A Yes, I'm trying to get to an associate's building.

B 그러면 일로 이 도시에 오셨군요?

A Yes.

B 여기 있는 동안에 뉴욕 스테이크 꼭 드셔 보세요!

Must Pick-Up Expressions and Words

꼭 알고 넘어가야 하는 단어·표현들

- **In town on business?** 일 때문에 이 도시에 오셨어요?
- **Where (are you) from?** 어디서 왔어요? (are you가 생략되어 있음)
- **How do you like it ?** 어때?, 마음에 들어?
- **Here we are.** 우리가 여기 있습니다. 즉, 여기 도착했습니다.
- **street** ~가, 거리
- **as ~ as** ~만큼, ~하는 한 (as close as you can 가능한 한 가깝게)
- **It's my first time.** 저한테는 첫 번째(처음) 예요. (무언가를 처음 시도해 보았을 때)
- **a lot like** ~와 많이 비슷한
- **go straight** 직진하다, 똑바로 가다, 쭉 가다
- **block** 블록 (길로 둘러싸인 건물 단지)
- **take a right/left** 우/좌회전하다 (주로 turn right/left라고 함)
- **you are there** 당신은 거기입니다, 즉 거기에 도착할 거예요
- **how to get to** ~에 가는 방법
- **where we are on the map** 지도상에 우리가 어디 있는지 (의문문으로 만들고 싶다면 we are를 are we로만 바꾸어 Where are we on the map? '우리가 지도상 어디에 있는 거야?'로 말할 수도 있다.)
- **on the map that brings us here** (지도를 보고 설명해 주고 있는 상황이므로) 지도상 우리가 여기까지 왔고, 우리가 지도상 여기에 있고

Jay's Coaching

"하루에 영어 노출시간이 얼마만큼은 돼야 한다"는 말을 많이 들어 보셨을 것입니다. 즉, 영어에 노출되는 시간이 많을수록 유리하다는 말인데 이렇게 〈3030 English〉를 통해 하루 30분이지만 쉬지 않고 말하는 것은 보통 학습방법으로 영어에 2, 3시간 노출되는 것보다 효과적이라고 감히 말씀드리겠습니다. 여기서 질문 하나, 지금까지 영어학원이나 회화교재를 1시간 공부하면서 보통 몇 문장 정도 말해 봤는지 기억나세요? 아마 직접 소리 내어 말해 본 문장은 많아야 20문장 안팎이었을 것입니다. 그런데 여러분은 요즘 하루에 최소 30분 동안 72문장은 말하고 있으니 2, 3시간보다 훨씬 효과적으로 학습하고 계신 것입니다. 잘 생각해 보세요. 그렇기 때문에 〈3030 English〉로 학습하신 분들이 효과를 보시는 것입니다.

DAY-24일차

택시에서 내린 당신! 배도 슬슬 고파오는데
간식을 먹으며 뉴요커와 잡담하는 것, 어때요?
그 후엔 바로 본업에 충실해야겠죠? 본업이야 당연히 바이어 사무실에
들어가는 겁니다. 그러려고 한국에서 이 먼 길을 왔으니까요.
어떠세요? 이젠 출장에 자신감이 어느 정도 생기셨나요?

아직 아니라면 무작정 자신감을 가지세요!

자신감은 가지기로 마음먹으면 저절로 생긴답니다.
그럼 바이어의 사무실로 출발!! 아 참! 그전에 핫도그 하나 먹고….

사무실 앞에 내려서 가볍게 핫도그 하나 먹고 들어갈까?

영어도 되는데… Why not?

부분을 영어로 생각해 보세요

A 핫도그 하나랑 프레첼 2개 주세요.

B Sure thing, sir.

A 맨해튼 근처 출신인가요?

B No, I'm from Michigan.

B And yourself, sir?*

And yourself? = And you? = How about you?

A 저는 한국 출신입니다.

B Visiting family?

A 아니오, 사실은 일 때문에 와 있습니다.

B Ahh, yes! Very busy city, Manhattan.

A 네, 저도 여기 있는 게 굉장히 흥분되요!

B Have you visited Times Square, yet?

A 아니오, 아직. 엠파이어 스테이트 빌딩만 가 봤어요.

B Make sure you take a walk in Central Park.

A 그게 제일 하고 싶은 거예요.

B Many New Yorkers like to take walks* and relax there.

A 그곳이 매우 아름답다고 들은 적이 있어요.

B Pretzels and hotdogs are New York specialties!* Enjoy.

A 정말 감사합니다.

DAY - 24

뉴요커와의 한담도 즐기고…
온 지 얼마나 됐다고 벌써 뉴요커가 다 됐네요.

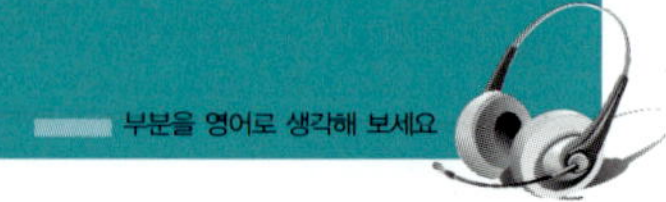

A I'd like one hot dog and two pretzels,* please.

B 알겠습니다, 선생님.

pretzel = 프레첼 (미국인들이 즐겨먹는 비스킷)

A Are you from around Manhattan?

B 아니오, 전 미시간 출신이에요.

B 당신은요?

A I'm from South Korea.

B 가족을 만나러 오셨나요?

A No, actually I'm here on business.

B 아, 네. 맨해튼은 매우 분주한 도시죠.

A Yes, I'm very excited to be here!

B 타임스스퀘어에 가 보셨나요?

A Not yet,* only the Empire State Building.

Not yet. = 아직 아니다

B 꼭 센트럴 파크에서 산책해 보세요.

A It's on the top of my list.*

on the top of my list = 제 우선순위에 있는, 제일 하고 싶은

B 많은 뉴욕사람들이 거기서 산책하고 쉬는 걸 좋아해요.

A I've heard* it's very beautiful.

I have heard = ~라고 들어 본 적이 있다

B 프레첼과 핫도그는 뉴욕의 명물이죠! 맛있게 드세요.

A Thank you very much.

드디어 거래처 사람들을 만났습니다. 용감한 여행도 그만…
이제 일을 다시 시작해 볼까요?

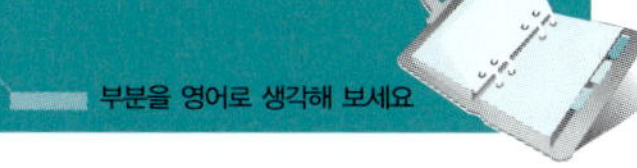

A 환영합니다, 김 과장님!

B It's a pleasure to be here, Ms. Murphy.

A 찾아오는 데 문제는 없으셨나요?

B I had to ask for directions★ on the street.

direction = 위치, 지점

A 하지만 찾아오셨네요!

B I did indeed.★

indeed = 정말로, 실로

A 제 동료들은 당신을 만난다는 것에 굉장히 들떠 있어요!

B I'm looking forward to doing business with you.

A 베스를 시켜서 당신 코트를 받겠습니다.

B Thank you, Ms. Murphy.

A 마실 것을 가져다 드릴까요? 물이나 커피 좋으십니까?

B No, thank you.

A 한국에서 오시는 비행기 여행은 어떠셨나요?

B It was good. Wonderful service in business class.

A 우리와 사업하기 위해 이 먼 길을 와 주셔서 감사드립니다.

B It's my pleasure. Ms. Smith is very excited to get this underway.★

underway = (계획 따위가) 진행 중인

A 회의를 시작할까요?

B Yes, let's get started!

멋진 첫인상을 남기고 싶다면 당연히 우선 영어가 돼야겠죠?
멋진 외모도 대화가 안 되면 아무 소용없잖아요?

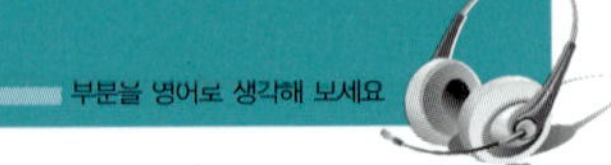

A Welcome, Mr. Kim!

B 여기 오게 되서 기쁘네요, 머피 씨.

A Did you have trouble finding us?

B 길에서 위치를 물어 봐야 했어요.

A But you made it!*

make it = 성공하다, 해내다

B 그렇습니다.

A My colleagues are very excited to meet with you!

B 당신과 사업하기를 고대하고 있어요.

A I'll have Beth take your coat.

B 감사합니다, 머피 씨.

A Can we get you anything to drink? Would you like a mineral water or a coffee?

B 고맙지만 괜찮습니다.

A How was your flight from Korea?

B 좋았어요. 비즈니스석 서비스가 아주 좋더군요.

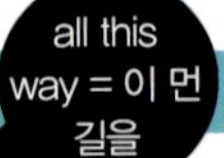

A We appreciate you coming all this way* to do business with us.

B 오히려 제가 기쁩니다. 스미스 부장님은 이 건이 추진되는 것에 상당히 흥분해 계십니다.

A Shall we begin the meeting?*

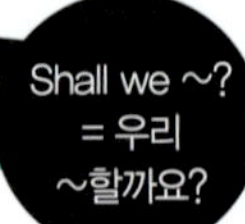

B 네, 시작합시다!

Must Pick-Up Expressions and Words

꼭 알고 넘어가야 하는 단어·표현들

- □ **Not yet** 아직 ~않다 (참고로 긍정 의문문에서의 yet은 '이미, 벌써'의 뜻)
- □ **Empire State building** 엠파이어스테이트 빌딩 (뉴욕의 명물 빌딩으로 매우 높고 웅장하다. 여행객들의 필수 관광코스)
- □ **It's on the top of my list.** 그게 제 우선순위예요. 제일 하고 싶은(중요한) 거예요.
- □ **I have heard ~** 나는 ~라고 들어 본 적이 있다
- □ **pretzel** 프레첼 (미국인들이 즐겨 먹는 비스킷)
- □ **And yourself?** 너는? (= And you?, How about you?)
- □ **Times Square** 타임스스퀘어 (뉴욕 맨해튼에 있는 거리로 극장, 음식점 등이 즐비한 뉴욕 최고의 번화가)
- □ **New Yorker** 뉴욕(에 사는) 사람, 뉴욕 주민
- □ **take a walk** 산책하다, 산보하다
- □ **specialty** 전문, 전공, 잘하는 것, 장기, 명물
- □ **Enjoy!** (그 상황을) 즐겨요!, 맛있게 드세요!
- □ **Pleasure to be here.** 여기 오게 되어 기뻐요.
- □ **direction** 위치, 지점
- □ **indeed** 정말로, 실로, 참으로 (대화할 때 상대방의 말에 맞장구나 대답으로 '그래요'의 뜻으로도 쓰임)
- □ **underway** (계획 따위가) 진행 중인
- □ **Let's get started.** 시작합시다.
- □ **make it** 성공하다, 해내다
- □ **have + (누구) + 동사원형** ~가 ~하게 시키다, 만들다
- □ **all this way** 이 먼 길을, 멀리서 일부러
- □ **Shall we ~ ?** 우리 ~할까요? 우리 ~하면 좋을까요?

Jay's Coaching

Jay의 에피소드 하나 소개할게요. 오래 전 미국을 방문했을 때의 일인데, 아 참 그 일이 벌어진 장소도 뉴욕이었습니다. 제가 시간을 물어 보고 싶어서 어떤 분의 팔을 살짝 건드리며 "몇 시에요?" 하고 묻자 그분 얼굴이 상당히 일그러지더니 건드리지 말라며 매우 기분 나쁜 듯이 시간을 알려 주었습니다. 사실 우리나라에서는 웃으며 살짝 등이나 팔을 건드리며 "저기요?" 하는 게 매우 익숙한데 미국에서는 모르는 사람에게 이런 신체 접촉을 하는 것이 매우 실례되는 행동이라고 합니다. 주의하세요! 저처럼 실수하지 마시고요. 궁금한 게 있으면 그냥 Excuse me.(실례합니다)라고 말하세요!

DAY-25일차

이제 정말 가장 중요한 순간입니다.
출장을 왔으면 업무를 봐야죠.
그중에서도 계약을 하고 돌아간다면, 굳이 기념품을 사가지 않아도
회사에서는 너무나 반갑게 환영할 것입니다.
자, 그럼 협상을 멋지게 해서 계약까지 마무리해 볼까요?
25일까지 꾸준히 따라온 끈기라면 계약도 얼마든지
성사시킬 수 있으리라 확신합니다. 자신 있게 당당하게 협상해서
계약까지 밀어붙이자고요~

DAY - 25

이제 본격적인 비즈니스입니다.
출장을 왔으면 성과가 있어야겠죠? 협상 좀 해 보자고요~

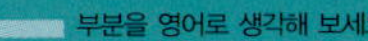
부분을 영어로 생각해 보세요

A 저희 제품이 마음에 드신다니 다행입니다.

B Mr. Kim, we are very interested.

A 당신에게 정말 좋은 제안이 하나 있습니다.

B I hope it's a win-win★ for both parties.

win-win
= 상호 이익이 되는, 둘 다 유리한

A 저희는 당신에게 좋은 가격에 팔고 싶습니다.

B What do you consider a friendly price?

A 시장 가격 아래요, 저희 제안을 받아들이신다면요.

B How much must we purchase?★

purchase
= 구매하다

A 한 달에 40세트를 사서 팔기를 원합니다.

B It's possible.

A 그렇다면, 저희는 시장가에 20% 아래로 팔겠습니다.

B What are the payment terms?★

term
= 조건, 약정

A 만약 오늘 서명하시면, 격월로 해 드릴 수 있습니다.

B What are the product delivery terms?

A 저희가 상품 배송비를 부담하겠습니다.

B What other obligations★ would we have?

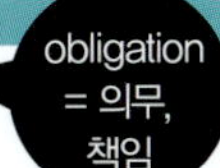

A 3년 계약에 사인하셔야 합니다.

B How about 2?

DAY - 25

자신있게 하고 계신가요? 반드시 성사시켜야 된다는 생각으로 진지하게 대화에 임하세요!!!

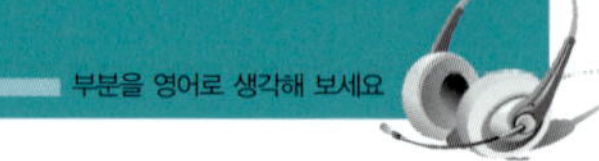

A We are glad you like our product.

B 김 과장, 저희는 매우 관심 있습니다.

A I have a really great offer for you.

B 그것이 양쪽 모두에게 유익한 것이길 바랍니다.

> friendly price = 우호적인 가격, 마음에 드는 가격

A We'd like to sell to you at a friendly price.*

B 좋은 가격이라면 얼마를 생각하시나요?

> accept = 받아들이다, 수락하다

A Below market price, if you accept* our offer.

B 우리가 얼마나 구입해야 합니까?

A We want you to buy and sell 40 units* a month.

> unit = 세트, 단위, 구성

B 가능합니다.

A If so, we will sell at 20% below market price.

B 결제 조건은 어떻게 됩니까?

> bimonthly = 두 달에 한 번씩

A If you sign today, we can do bimonthly.*

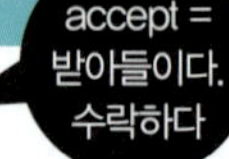

B 상품 배송 조건은 어떻게 되나요?

A We cover the costs of product delivery.

B 그 외에 또 다른 의무사항은 뭔가요?

A Sign a 3 year contract.

B 2년은 어떠신가요?

꽝꽝! 계약서에 도장을 찍어 볼까요?
사실 외국은 거의 서명으로 하는 것, 알고 계시죠?

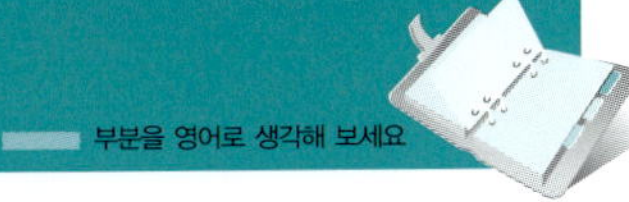

A 머피 씨, 계약서는 어떤 것 같나요?

B Very good.

A 지불 조건과 배달 조건은 말한 대로입니다.

B What about boilerplate provisions?★

boilerplate provision = (계약서상) 공통조항

A 그것은 그 다음 장에 있습니다.

B It's always good to have those!

A 저도 동의해요.

B If either★ party should breach the contract...?

either = 둘 중 어느 한쪽의

A 그 사항 역시 다음 장에 있습니다.

B I believe your company intends to follow★ the terms.

follow = 따르다

A 물론입니다, 머피 씨.

B It looks like everything is covered.

A 그렇습니다. 그리고 우리는 모든 조건을 이행할 작정입니다.

B I trust we both will.

A 당신과 내년에 재협상을 하게 되길 바랍니다.

B Where do I sign, Mr. Kim?

A 3쪽 점선 위입니다.

B Lovely doing business with you!

이렇게 계약을 성사시키고 회사로 돌아가면 대환영을 받겠죠?
개선문을 당당히 통과하듯 회사로 갈 생각을 하니 너무 기쁩니다.

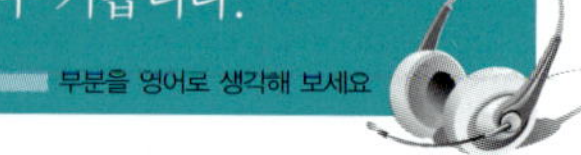

A How does the contract look, Ms. Murphy?

B 아주 좋습니다.

A Payment and delivery terms are as stated.*

as stated = 말한 대로, 진술된

B 계약서상의 공통조항은요?

A They are on the following page.*

following page = 다음 장

B 포함시키면 언제나 좋은 것이지요!

A I agree.

B 만약에 둘 중 한쪽이 계약을 위반한다면요?

A That is also on the following page.

B 귀사가 조건을 이행할 의도라는 것을 믿습니다.

A Certainly, Ms. Murphy.

B 모든 것이 포함되어 있는 것 같네요.

adhere to = ~을 고수하다

A Yes, and we intend to adhere to* all terms.

B 우리 둘 다 그럴 것이라고 믿습니다.

A We hope to re-negotiate with you next year.

B 어디에 사인할까요, 김 과장?

A Page 3, on the dotted line.*

B 당신과 사업을 하게 되어 기쁩니다!

Must Pick-Up Expressions and Words

꼭 알고 넘어가야 하는 단어·표현들

- □ **win-win** 상호간 이익이 되는, 둘 다 유리한
- □ **both parties** 양쪽 당사자
- □ **purchase** 구매하다
- □ **term** 조건, 약정; 기간; 요금; 사이, 관계
- □ **payment terms** 지급 조건
- □ **obligation** 의무, 책임
- □ **friendly price** 우호적인 가격, 안성맞춤의 가격
- □ **accept** 받아들이다, 수락하다, ~에 응하다
- □ **unit** 세트, 단위
- □ **bimonthly** 격월제의, 두 달에 한 번씩
- □ **cover** 부담하다; 포함하다, 다루다
- □ **delivery** 배달, 배송
- □ **boilerplate provision** (계약서상) 공통조항 (계약서에 반드시 들어가는 기본사항)
- □ **It's always good to have ~** ~을 포함시키면 항상 좋다, ~이 있으면 항상 좋다
- □ **either** 둘 중 어느 한쪽의, 어느 쪽이든
- □ **breach** 위반하다, 어기다, 깨뜨리다
- □ **intend to** ~할 작정이다, ~할 생각이다, ~할 의향이다
- □ **as stated** 말한 대로, 진술된 대로
- □ **following page** 다음 장
- □ **adhere to** ~을 고수하다, 엄수하다
- □ **re-negotiate** 재협상하다 (re-가 붙으면 대부분 again의 뜻이 있음)
- □ **dotted line** 점선

Jay's Coaching

계약까지 성사시킨 당신께 축하의 말씀을 드립니다. 회사 첫 출근부터 출장에서의 계약 성사까지 참 수고가 많으셨습니다. 어때요? 기분 좋죠? 정말 이런 일이 현실이 될 수 있습니다. 포기하지 않고 꾸준히 공부한다면 누구나 할 수 있습니다. CD나 MP3 파일을 반복해서 듣고 따라 말해 보셔야 합니다. 많이 듣고 따라 말해 보면 아무리 어려운 표현도 금세 익숙해지니까요. 여기까지 재미있게 따라오셨나요? 이제 얼마 안 남았으니까 힘내고 다시 한번 다짐해 볼까요?
올해에는 반드시 영어 정복에 성공하겠다고. 파이팅!!!

DAY-26 일차

벌써 26일차입니다. 정말 시간 빠르죠?
1일차를 시작한 게 엊그제 같은데 벌써 26일차라니… 대단하십니다.
아무리 재미있는 것도 끈기를 가지고 20일 이상 하는 것이
쉬운 일은 아니거든요. 근데 이렇게 26일차까지 착실히 따라와 주신
여러분께 진심으로 감사드립니다. 아! 왜 눈물이 나려 하지?
그럼 오늘은 계약을 끝내고 뉴요커들에게 저녁 대접을 받는 상황입니다.
별거 아니죠? 한국에 오셨던 외국 바이어 접대도 해 봤는데
그까짓 접대 받는 게 뭐 어렵겠어요?
자, 근사한 저녁 접대를 받아 볼까요?

계약도 성사시켰고 이제 즐겁게 식사대접 받을 일만 남았습니다.
편안한 마음으로 대접 좀 받아 보자고요~

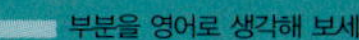
부분을 영어로 생각해 보세요

A 당신이 우리와 함께 저녁을 할 수 있어서 기뻐요, 김 과장님.

B What will we be having this evening?

A 맛있는 스테이크를 대접할 거예요.

B Great. I love steak.

A 와인 한 병 주문할까요?

B Definitely.

A 당신은 레드와인을 선호하세요? 아니면 화이트와인?

B I like both.

A 레드와인으로 할게요. 그게 고기와 궁합이 잘 맞아요.

B I agree.

A 우리 관계자들이 오늘밤 늦게 우리와 합류할 거예요.

B I'm looking forward to meeting them.

A 나중에 시가라운지에서 칵테일을 마실 거예요.

B Someone should make a toast.★

> make a toast = 축배를 들다, 축배의 말을 하다

A 앞으로의 우리 사업과 성공을 위하여.

B Cheers!

A 스테이크 맛있게 드세요, 김 과장님.

B Thank you, I will. Thanks for hosting★ me.

> host = 접대하다, (파티 등의) 주인 역할을 하다

거래처 사람들과의 식사시간. 식사대접 또한 비즈니스의 연장선이겠죠?
메뉴선택에서부터 식사 후 술 한잔까지, 어떻게 말하는지 알아볼까요?

부분을 영어로 생각해 보세요

A We're glad you could join us for dinner, Mr. Kim.

B 오늘 저녁에 뭘 먹을 건가요?

A We'd like to treat* you to a nice steak.

treat = 대접하다, 한턱내다

B 좋아요. 저는 스테이크를 아주 좋아해요.

A Should we order a bottle of wine?

B 그럼요.

A Do you prefer red or white?

B 둘 다 좋습니다.

A We'll go with red. It goes nice with* the meat.

go nice with = ~와 잘 어울리다

B 동감입니다.

A Our associates will be joining us later this evening.

B 그들과 만나기를 기대하고 있습니다.

A We will have cocktails in the cigar lounge later.*

cigar lounge = 시가라운지 (시가를 피고 술도 마실 수 있는 곳)

B 누군가 축배의 말을 하면 좋을 것 같아요.

A To our future business and success.

B 건배!

A Enjoy your steak, Mr. Kim.

B 감사합니다. 그럴게요. 대접해 주셔서 감사합니다.

물론 미국 영화를 통해 미국의 저녁식사나 술자리 풍경을 많이 보셨겠지만
직접 자신이 접대 받는다는 생각으로 대화에 임해 보니 어떠세요?

부분을 영어로 생각해 보세요

A 여기에 앉으세요, 김 과장님.

B Thank you.

A 우리는 사업을 의논하기 위해 이 라운지에 종종 옵니다.

B In Korea, we don't have many cigar lounges.

A 쿠바산 시가와 함께 스카치를 마셔 본 적 있습니까?

B No, I haven't.

A 쿠바산 시가를 피우시겠습니까, 김 과장님?

B I would, thank you.

A 무엇을 마시겠습니까?

B I will take a scotch on the rocks.*

on the rocks = 얼음만 넣어서

A 취향이 훌륭하군요, 김 과장님.

B I only started drinking scotch recently.*

recently = 최근, 얼마 전

A 사업은 스카치를 마시며 할 때 가장 의논이 잘됩니다.

B In Korea, business is done over soju!*

over soju = 소주를 마시며

A 당신의 방문을 위해 축배를 들고 싶습니다.

B It's been great visiting your headquarters.

A 사업 시작을 위해 이 먼 길을 와 주셔서 감사합니다. 건배.

B Cheers!

자신이 주인공이란 생각으로 임하셨나요? 〈3030 English〉를 할 때는

상황에 동화되어야만 합니다.

부분을 영어로 생각해 보세요

A You can sit here, Mr. Kim.

B 감사합니다.

A We come to this lounge often to discuss business.

B 한국에는 시가라운지가 많지 않습니다.

A Have you ever had a scotch with a cuban cigar?

B 아니오, 없습니다.

A Would you like a cuban cigar, Mr. Kim?★

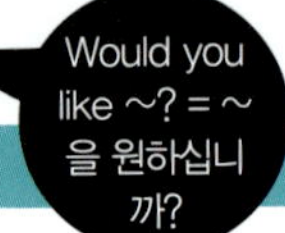

B 네, 감사합니다.

A What will you have to drink?

B 저는 스카치를 온더락으로 마시겠습니다.

A Good taste, Mr. Kim.

B 최근에 스카치를 마시기 시작했습니다.

A Business is best discussed over a scotch.

B 한국에서는 소주를 마시며 사업을 합니다!

A I'd like to toast to your visit.

B 당신의 본사를 방문하게 되어 정말 좋습니다.

A Thank you for coming all this way to begin business. Cheers.

B 건배!

Must Pick-Up Expressions and Words

꼭 알고 넘어가야 하는 단어·표현들

- □ **make a toast** 축배를 들다, 축배의 말을 하다 (Let's make a toast. 건배합시다.)
- □ **Cheers** 건배!
- □ **host** 접대하다, (파티 등의) 주인 역할을 하다
- □ **treat** 대접하다, 한턱내다; 다루다, 대우하다
- □ **go with** ~로 하다
- □ **go nice with** ~와 잘 어울리다
- □ **later this evening** 오늘밤 늦게
- □ **cigar lounge** 시가라운지 (여러 종류의 시가를 골라 피고 술도 마실 수 있는 곳)
- □ **on the rocks** 얼음을 넣어서 (위스키에 얼음을 넣어 마시는 스타일)
- □ **recently** 최근, 얼마 전
- □ **over soju** 소주를 마시며
- □ **headquarters** 본사, 본부
- □ **You can seat here.** 너는 여기 앉을 수 있다. 즉, 여기 앉으세요.
- □ **often** 자주, 종종
- □ **Would you like a cuban cigar?** 쿠바산 시가를 피우시겠습니까?

Jay's Coaching

이제 미국 출장도 끝입니다. Part 1에서는 사무실에서 발생할 수 있는 상황들을 경험해 보았고 Part 2에서는 미국 출장시 있을 수 있는 상황들을 직접 경험해 보았습니다. 어떠세요? 재미있으셨나요? 아직도 어렵다고 생각하시는 분들은 다시 한번 처음부터 진지하게 학습해 보시기 바랍니다. 한 번에 깔끔하게 끝나지 않으면 당연히 처음부터 다시 한번 보셔야 합니다. 그래야 책 한 권을 완전히 마스터하실 수 있으니까요. 자, 그럼 Part 2까지 완벽하게 따라오신 분들만 Part 3으로 넘어가 볼까요? Part 3는 특별편이라고 보시면 됩니다. 프레젠테이션, 이메일 등 꼭 필요하지만 Part 2까지 다루지 않았던 내용들을 경험할 것입니다. Part 3로 넘어가 볼까요?

DAY-27 일차

오늘은 회사동료들에게 자신의 경력을 말하는 시간입니다.
이전 회사에서 어떤 일을 했고 어떤 성과를 냈는지….
뭐 어떻게 보면 자랑하는 자리라고도 할 수 있죠.
요즘은 자기자신을 PR하는 시대잖아요?
한번 멋있게 자신의 경력을 말해 볼까요?
거짓말을 하는 것은 안좋겠지만 최대한 경력을 멋있게 포장해서 말하는 것도 다 본인의 능력 아닐까요?

우선 상대방의 경력을 물어 볼까요? 이때 상대방이 하는 대답을 잘 들어 보세요. 다음은 바로 당신이 대답할 차례니까요.

▬ 부분을 영어로 생각해 보세요

A 어떤 자격을 갖추고 있습니까, 김 이사님?

B I have an MBA.*

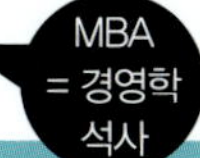

A 어디서 공부했어요?

B I studied at Yonsei University.

A 거기서 학사도 했나요?

B Yes, I did.

A 어떤 회사에서 처음 시작했나요?

B I actually started at KIA.

A 거기서 직위가 뭐였나요?

B Well, I was the youngest Director of Marketing Strategies.

A 거기서의 가장 큰 실적은 뭐였나요?

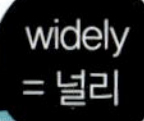

B I developed a widely* used sales and marketing strategy.

A 지금 그들이 사용하는 거요?

B Yes, many companies have adopted* my model.

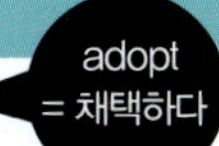

A 와, 자랑스럽겠습니다.

B I am, but I still have many more accomplishments to achieve in the future.

A 여기서 하는 일은 마음에 드세요?

B Yes. Working as a company executive is much more prestigious.*

prestigious
= 고급의,
훌륭한

DAY - 27

이제는 당신 차례입니다.
자신의 경력을 자신있게 말해 보자고요~

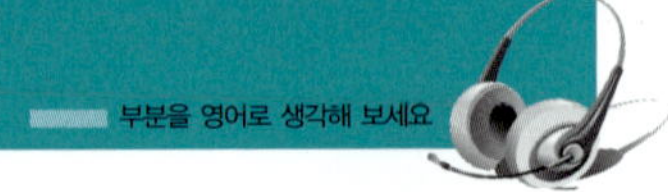

A What qualifications★ do you have, Mr. Kim?

B 저는 MBA가 있습니다

qualification = 자격

A Where did you study?

B 연세대에서 공부했습니다.

A Did you do your bachelor's there, too?★

B 네, 그렇습니다.

bachelor's = bachelor's degree의 줄임으로 학사학위

A What company did you start at?

B 사실 전 기아에서 시작했습니다.

position = 지위, 직위

A What was your position there?★

B 음, 저는 최연소 마케팅 전략 담당자였습니다.

achievement = 성취, 성공

A What was your biggest achievement there?★

B 저는 널리 사용되는 영업 및 마케팅 전략을 개발했습니다.

A The one they use now?

B 네, 많은 회사들이 제 모델을 채택했습니다.

A Wow, you must be so proud.

B 네, 하지만 저는 앞으로 성취해야 할 일이 여전히 많습니다.

A Do you like the work you are doing here now?

B 네. 회사 임원으로 근무하는 것이 훨씬 더 훌륭한 것 같습니다.

이번에는 자신의 경력을 먼저 말해 보세요.
잘 PR해서 동료들을 다 당신 팬으로 만들어 보세요!

부분을 영어로 생각해 보세요

A 스미스 청각 테크놀로지에서 저는 영업부에 있었어요.

B What was your job title?*

A 저는 영업 및 마케팅 담당자였어요.

B You were in charge of* the whole sales department?

be in charge of = ~을 담당하다

A 맞아요.

B What product were you selling?

A 보청기요.

B What was your target market?

A 주로 의료계였습니다.

B So, medical supply retailers,* etc?

A 네. 제 일은 의료 전문가들과 점심하는 일이 많았습니다.

B Sounds prestigious.

A 그랬습니다. 저는 스미스 청각 테크놀로지에서 잘나갔죠.

B You are a star* everywhere you go!

A 저는 스미스 청각 테크놀로지의 내수 판매를 30% 증가시켰습니다.

B Did you export?

A 제 나이 고작 스물여덟에 스미스 청각 테크놀로지를 국제적인 회사로 바꿔 놓았죠.

B I think I have a lot to learn from you.

DAY - 27

이제는 순서를 바꿔서 남의 이야기를 들어 줄 차례입니다. 그냥 들어 주는 것이 아니라 중간중간에 추임새를 넣어 주면 좋겠죠?

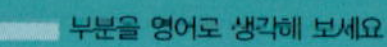
부분을 영어로 생각해 보세요

A At Smith Auditory Technologies I was in the sales department.

B 직책이 뭐였나요?

A I was Director of Sales and Marketing.

B 당신이 영업부 전체를 맡고 있었다고요?

A That's correct.

B 어떤 제품을 판매했나요?

A Hearing aid devices.

B 목표시장이 어디였나요?

A Mainly, the medical community.★

community = 공동체

B 그럼, 의료 공급 소매업자 등등요?

lunching = 점심 먹기

A Yes. My job involved a lot of lunching★ with medical professionals.

B 품위있게 들리는군요.

A It was. I did well at Smith Tech.

Smith Auditory Technologies의 약자

B 당신은 어딜 가나 스타군요!

domestically = 국내에서

A I boosted sales at S.A.T★. by 30%, domestically.★

B 수출했나요?

A I turned S.A.T. into★ an international company when I was only 28.

B 당신한테 배울 게 많을 것 같군요.

turn into = ~로 변하다

Must Pick-Up Expressions and Words

꼭 알고 넘어가야 하는 단어·표현들

- **MBA** 경영학 석사
- **widely** 널리
- **adopt** 채택하다
- **accomplishment** 성과, 업적
- **prestigious** 고급의, 일류의, 훌륭한
- **qualification** 자격
- **bachelor's** 학사학위 (bachelor's degree의 줄임말)
- **position** 지위, 직위
- **achievement** 성취, 성공
- **job title** 직위
- **be in charge of** ~을 담당하다, 책임지다
- **retailer** 소매상
- **a star** 인기있는 사람
- **export** 수출하다
- **community** 공동체
- **lunching** 점심 먹기
- **domestically** 국내에서
- **turn into** ~로 변하다

Jay's Coaching

벌써 27일째네요. 이렇게 끈기 있게 따라오신 당신! 정말 대단합니다. 그런 끈기와 열성이라면 언젠가 회사 최고의 자리 CEO에 오르시리라 확신합니다. 이어지는 프레젠테이션과 이메일을 다루기 전에, 영어회화를 마무리 하며 재차 당부의 말씀 드리겠습니다. 미드나 미국영화를 자막 없이 보며 틈틈이 영어실력을 향상시키시길 바라며 영어학습의 핵심은 말하기, 즉 소리 내어 말하기란 것을 잊지 말기 바랍니다. 영어정복에 성공하시길 진심으로 기도합니다.

DAY-28일차

자! 이제 오늘은 영어로 프레젠테이션을 해 볼 차례입니다.
뭐, 우리말로는 발표라고도 하죠.
오늘 정도 수준의 발표를 할 수 있으시다면
그 어떤 발표도 문제없습니다.
본인이 직접 발표자가 되었다는 생각으로 한번 해 보세요!
반드시 직접 해 봐야 합니다. 영어는 체험학습이니까요.
그럼, 영어로 프레젠테이션 한번 해 볼까요?
그리고 이제 얼마 안 남았으니까 힘내세요!
Jay가 함께하겠습니다.

DAY - 28

우리말로도 힘든 프레젠테이션을 어떻게 영어로 하냐고요?

혹시 취업하거나 진급하기 싫으세요?

부분을 영어로 생각해 보세요

1 안녕하십니까? 건강 전문가와 투자자 여러분.

2 저는 김제이입니다.

3 스미스 청각 테크놀로지의 수석 영업담당자입니다.

4 저는 여러분께 저희 회사의 최신 기술혁신, 스미스 인공귀를 소개하기 위해 이 자리에 나왔습니다.

5 이것은 스미스 청각 테크놀로지의 최신 기술입니다.

6 주요 특징을 살펴보는 것으로 시작하겠습니다.

7 제 발표는 30분 정도 걸릴 것입니다.

8 언제든지 편하게 제 말을 중단시키시고 질문하셔도 좋습니다.

9 화면을 주목해 주시기 바랍니다.

10 이것은 우리의 새로운 인공귀 장치 사진입니다.

11 이 도표는 그 이식장치가 어떻게 작동하는지 보여줍니다.

12 청신경의 소리가 전자신호로 바뀝니다.

13 왜 보청기 대신 인공귀 이식입니까?

14 좋은 질문입니다.

15 우선 한 가지, 소리에는 인공귀 이식이 더 좋습니다.

16 많은 사람들이 보청기에 만족하지 못합니다.

17 인공귀 이식은 소리 감지와 말 인지 기능을 제공합니다.

18 인공귀 이식의 이점들은 보청기의 이점들을 능가합니다.

DAY - 28

여러 사람들 앞에서 자신의 회사제품에 대한 발표를 한다는 것,
이보다 더 떨릴 수는 없겠죠? 하지만 자신감을 잃지 마세요!!!

부분을 영어로 생각해 보세요

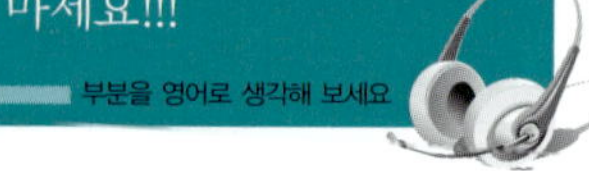

1 Good afternoon, health professionals and investors.

2 I am Jay Kim.

3 I am the Head Sales Rep from Smith Auditory Technologies.

4 I'm here to introduce you to our latest innovation*, the Smith Cochlear Implant.

innovation = (기술) 혁신

5 It is the latest technology from Smith Auditory Technologies.

6 I'll go over the main features to begin with.

7 My presentation will be about 30 minutes.

8 Feel free to interrupt me anytime with questions.

9 I'd like to direct* your attention to the screen.

direct = 돌리다, 향하게 하다

10 This is a picture of our new cochlear hearing device.

11 The diagram shows how the implant works.

12 Acoustic* sounds are converted into an electrical signal.

acoustic = 청각의, 청신경의

13 Why a cochlear implant* instead of a hearing aid?*

14 Good question.

15 For one thing, sound is better with a cochlear implant.

16 Many people are not satisfied with hearing aids.

17 Cochlear implants provide sound detection and speech recognition.

18 The benefits of a cochlear implant outweigh* those of a hearing aid.

hearing aid(s) = 보청기 / cochlear implant = 인공귀 이식, 달팽이관 이식

outweigh = ~보다 가치가 있다

DAY - 28

이렇게 우리말 문장만 쭉 나와 있는 걸 보니까 마치 〈3030 English〉 1편이나 2편 같죠? 편안한 마음으로 다음 문장들을 영어로 바꿔 말해 보세요!

부분을 영어로 생각해 보세요

1 인공귀 이식의 주요 이점 한 가지는 바로 전력 공급방식입니다.

2 그것은 보청기와 같은 배터리를 사용합니다.

3 많은 전력이 들지 않습니다.

4 여러분은 어떻게 이 제품이 오늘날의 현대기술과 관련 있는지 궁금하실 겁니다.

5 스미스 청각 테크놀로지는 사람들에게 그들의 삶을 되돌려 주고 싶습니다.

6 대부분의 의료 기술은 다른 분야에 집중하고 있습니다.

7 우리의 이식은 실험을 받고 검증되었습니다.

8 모든 연령의 사람들에게서 두드러진 청력 개선을 보였습니다.

9 우리 제품은 지금 준비되어 있습니다.

10 스미스 청각 테크놀로지의 투자자가 되시는 것을 강력히 추천합니다.

11 저희 회사는 이 제품 덕에 지금 막 도약하려고 합니다.

12 4페이지에 있는 그래프는 다음 회계연도의 예상매출을 보여줍니다.

13 건강 전문가 여러분 모두를 위해, 3페이지에 연구결과가 있습니다.

14 질문 있으십니까?

15 만약 없으시면, 저는 이만 정리하겠습니다.

16 더 많은 정보가 필요하시면 주저 마시고 저희 웹사이트를 참고하십시오.

17 더 관심이 있으시면 이메일로 제게 연락하실 수 있습니다.

18 끝까지 들어 주셔서 감사합니다. 시간 내 주셔서 고맙습니다.

DAY - 28

이 정도의 프레젠테이션이 가능하다면 어떤 프레젠테이션도 문제없습니다.

1 One major benefit of the cochlear implant is how it's powered.*

2 It uses the same battery a hearing aid does.

3 They don't require a lot of power.

4 You may wonder how this product is relevant to today's modern technology.

5 Smith Auditory Technologies wants to give people back their lives.

medical = 의학의, 의술의

6 Most medical* technology concentrates on other areas.

7 Our implant has been tried and tested.

8 People of all ages have seen major hearing improvements.

9 Our product is ready today.

10 I highly recommend being a stakeholder* in Smith Auditory Technologies.

stakeholder = 투자자

11 Our company is about to take off because of this product.

12 The graph on page 4 shows projected sales for the next fiscal year.

13 For all of you health professionals, study results are on page 3.

14 Does anyone have any questions?

15 If not, I will wrap it up there.

16 Feel free to consult our web site for more information.

17 I can be reached by email if you have further interest.

18 You have been a lovely audience, thanks for your time.

Must Pick-Up Expressions and Words

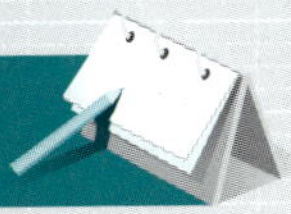

꼭 알고 넘어가야 하는 단어·표현들

- □ **hearing aid(s)** 보청기
- □ **cochlear implant** 인공귀 이식, 달팽이관 이식
- □ **Head Sales rep** 영업부 수석 담당자 (rep= representative)
- □ **auditory** 귀의, 청각 기관의
- □ **innovation** (기술) 혁신, 새롭게 도입된 것
- □ **go over** ~을 되짚어 보다, ~을 살피다, ~을 조사하다
- □ **interrupt** 가로막다, 훼방 놓다, 방해하다
- □ **direct** 돌리다, 향하게 하다
- □ **diagram** 그림, 도형, 도표
- □ **implant** 이식조직 (치료 목적으로 체내에 삽입되는 물질)
- □ **acoustic** 청각의, 청신경의, 전자장치를 쓰지 않은 (악기)
- □ **convert** 전환하다, 전환시키다, 바꾸다
- □ **detection** 탐지, 간파, 발견
- □ **recognition** 인지, 인식, 알아봄
- □ **outweigh** ~보다 가치가 있다, ~보다 중요하다, ~보다 무겁다, ~을 능가하다
- □ **power** 동력을 공급하다
- □ **relevant** 관련된, 적절한, 타당한
- □ **give back** 돌려주다
- □ **medical** 의학의, 의술의
- □ **tried** 시도된
- □ **tested** 검사된, 시험된
- □ **people of all ages** 모든 세대의 사람들
- □ **stakeholder** 투자자
- □ **be about to** 지금 막 ~하려고 하다
- □ **take off** 도약하다, 이륙하다, 떠나다
- □ **reach** ~와 연락이 되다, 도달하다, 이르다, 내밀다, 뻗치다
- □ **You have been a lovely audience.** 여러분들은 사랑스러운 청중이었다, 즉 제 얘기를 잘 들어 주셔서 감사하다

Jay's Coaching

Jay가 드리는 영어 프레젠테이션 Tip 제1탄

첫째! 역시 자신감입니다. 자신 있고 당당하게 발표하는 것이 우선입니다.

둘째! 설명하는 제품에 대해 본인 스스로 완벽하게 알고 있어야 하는 것은 말하지 않아도 기본이고요.

셋째! 청중과의 시선 맞춤입니다. 쑥스럽다고 땅만 본다든지 혹은 천장만 본다든지 하면 빵점입니다. 청중을 자신 있고 당당하게 바라보며 마치 한 사람 한 사람과 이야기한다는 생각으로 청중과 대화하듯 프레젠테이션에 임하셔야 합니다.

DAY-29 일차

어제 프레젠테이션은 어떠셨나요? 재미있으셨죠?
그리고 정말 본인이 프레젠테이션을 한다고 생각하니
몹시 설레이셨을 겁니다.
프레젠테이션을 이틀 만에 다 다룰 수는 없습니다.
아무리 짧게 해도 일주일 정도는 해 봐야 하는데 이 책은
생활 영어 전반을 다루는 책이기 때문에 이틀만 하도록 하겠습니다.
그래서 오늘이 아쉽게도 프레젠테이션의 마지막 날입니다. 흑흑ㅠㅠ.
한 문장 한 문장 말할 때마다 본인이 진짜 프레젠테이션에
임한다는 생각으로 자신감 있게 말해 보시기 바랍니다.
준비되셨으면 가 볼까요?

DAY - 29

조금씩 영어 프레젠테이션에 대한 자신감이 생기시나요? 비록 이틀이지만 열심히 한다면 실력이 상당히 향상될 것입니다.

부분을 영어로 생각해 보세요

1 안녕하세요, 여러분.

2 저는 프루티 부티 바디 제품의 마케팅 이사입니다.

3 저는 여기에 최근 시장조사 결과를 발표하기 위해 나왔습니다.

4 오늘 저는 어떻게 우리가 이 결과들을 응용할 것인지에 대해 말할 것입니다.

5 우리는 수익 증대와 시장 확대를 기대하고 있습니다.

6 우리 마케팅 팀은 새로운 전략을 개발하였습니다.

7 저는 오늘 우리의 새로운 마케팅 전략에 대해 논의하고 싶습니다.

8 저는 아마도 1시간 정도 이야기할 것입니다.

9 그래서 저는 여러분들이 커피를 많이 가져오셨길 바랍니다!

10 질문은 끝날 때까지 기다려 주시길 부탁드립니다.

11 제가 여러분의 어떤 질문에도 답할 것입니다.

12 먼저 이 유인물을 나눠 드리겠습니다.

13 괜찮으시다면, 1페이지를 펴 주십시오.

14 우선 저는 누가 우리의 수요자인지에 대해 말씀드리고 싶습니다.

15 18세부터 25세까지의 여성이 주요 구매자인 것으로 나타나 있습니다.

16 파이차트가 이것을 증명합니다.

17 물론 우리는 이 수요자들을 계속해서 목표로 삼기를 원합니다.

18 우리는 또한 시장을 확대하길 원합니다.

DAY - 29

그렇습니다. 오늘은 같은 회사 사람들에게 발표를 하는 시간입니다.
아래 문장들을 원어민을 성대모사하듯 다시 한 번 말해 보시기 바랍니다.

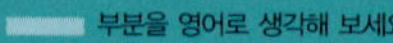 부분을 영어로 생각해 보세요

1 Hello, everybody.

2 I'm the Marketing Director of Fruity Booty Body Products.

3 I'm here to present the latest market research findings.*

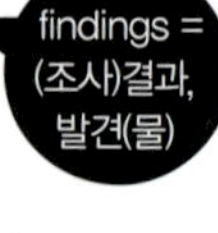

4 Today, I'll talk about how we'll apply these findings.

5 We are looking to increase profit and expand our market.

6 Our marketing team has developed a new strategy.*

strategy = 전략, 작전

7 I'd like to discuss our new marketing strategy today.

8 I will probably speak for about one hour.

9 In which case,* I hope you brought lots of coffee!

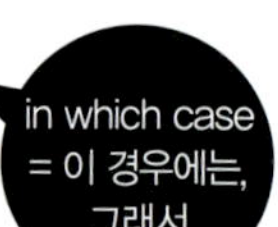

10 Please hold off with questions until the end.

11 I'll answer any questions you'll have.

12 I'd first like to distribute these handouts.

If you will = 만약 할 거면, 그렇게 해도 괜찮다면

13 If you will,* please turn to page 1.

14 First, I want to talk about who our market is.

15 Females aged 18 to 25 appear to be the major purchasers.

16 The pie chart demonstrates this.

17 Of course, we want to continue to target* this market.

18 We also want to expand our market.

사실 우리말로 프레젠테이션 하는 것도 힘든데, 하물며 영어로 하려니 쉽지 않죠. 하지만 하면 되게 되어 있습니다. Just do it!!!

부분을 영어로 생각해 보세요

1 우리의 전반적인 전략은 조사 결과와 유행에 기초하고 있습니다.

2 저희는 어디에서 우리의 목표시장에 손을 뻗을 수 있을지 알아보았습니다.

3 도형 2.1은 대부분의 구매가 지역 쇼핑센터에서 이루어졌음을 보여줍니다.

4 누가 쇼핑센터에 물건을 사러 가죠?

5 18세부터 25세까지의 여성들입니다.

6 그래프에서 보실 수 있듯이, 이 연령층은 쇼핑을 매우 좋아합니다.

7 문제! 우리는 25세 이상의 여성에게는 손을 뻗지 못하고 있습니다.

8 왜 못할까요?

9 그들은 더 이상 집을 나서지 않기 때문입니다.

10 통계에 따르면 그들은 여전히 온라인으로 쇼핑을 합니다.

11 이 정보가 우리 회사에 어떤 의미일까요?

12 그것은 우리가 어떻게 하면 더 넓게 손을 뻗을 수 있는지 알고 있다는 뜻입니다.

13 우리는 우리 제품을 온라인 소매상인들에게 맡기기를 원합니다.

14 이것뿐만 아니라, 우리는 온라인으로 광고도 하려고 합니다.

15 우리는 25세 이상 여성들이 방문하는 최고의 웹사이트들을 알고 있습니다.

16 이것은 매출을 적어도 50% 증가시킬 것입니다.

17 온라인 광고를 통해서 우리는 시장이 확대되길 바랍니다.

18 이것이 이루어지면 우리는 남성라인도 계발할 계획입니다.

19 결과적으로 우리는 대규모 매출 증대를 기대하고 있습니다, 여러분.

20 질문 있으십니까?

DAY - 29

자꾸 따라서 말해 보면 아무리 길고 어려운 영화 대사도 금세 익숙해집니다.
하물며 하루에 이 정도의 문장도 소화 못하겠어요? 할 수 있습니다!!!

부분을 영어로 생각해 보세요

1 Our overall strategy is based on research findings and fads.

2 We looked into where we'd be able to reach our target market.

3 Figure 2.1 shows most purchases are made from district malls.*

4 Who goes to the mall to shop?

5 Females aged 18 to 25.

6 As you can see from the graph, this age group loves to shop.

7 Problem! We aren't reaching women over the age of 25.

8 Why not?

9 Because they aren't leaving the home any more.

10 According to statistics,* they are still shopping online.

statistics
= 통계

11 What does this information mean for our company?

12 It means we know how we can reach a broader range.

13 We want to get our products to online retailers.*

retailer
= 소매상

14 Not only this, but we plan to advertise online.

15 We know the top web sites visited by women over 25.

16 This should increase sales by at least 50%.

17 Through online advertising, we hope to expand our market.

18 Once we've achieved this, we plan to develop a men's line.

19 In conclusion,* we are looking at a massive sales increase, folks.

20 Any questions?

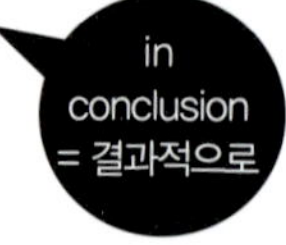

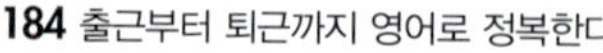

Must Pick-Up Expressions and Words

꼭 알고 넘어가야 하는 단어·표현들

- □ **findings** (조사) 결과, 발견(물)
- □ **apply** 적용하다, 응용하다, 이용하다; 시행하다
- □ **strategy** 전략, 작전
- □ **in which case** 이 경우에는, 그래서
- □ **hold off** 피하다, 연기하다, 미루다
- □ **distribute** 분배하다, 배포하다, 배급하다
- □ **If you will** 만약 할 거면, 그렇게 해도 괜찮다면
- □ **purchaser** 사는 사람, 구매자
- □ **demonstrate** 증명하다; 설명하다; 드러내다
- □ **target** 대상, 목표, 과녁, 표적; ~을 목표로 정하다
- □ **expand** 확장하다
- □ **overall** 전반적인, 전부의, 끝에서 끝까지의
- □ **fad** 일시적 유행, 변덕
- □ **be based on** ~에 기초하다, ~에 근거하다, ~에 의거하다
- □ **district mall** 지역 쇼핑센터 (여러 개의 상점들이 한군데에 모여 있는 쇼핑센터)
- □ **reach** 다다르다, 뻗치다, 향하다
- □ **over the age of 25** 25세 이상
- □ **statistics** 통계(학)
- □ **broad** 폭이 넓은, 광대한, 광범위하게 걸친
- □ **range** 범위, 한도, 열, 줄, 산맥
- □ **retailer** 소매상인
- □ **not only this** 이뿐 아니라
- □ **achieve** 달성하다, 이루다, 완수하다
- □ **in conclusion** 결론으로서, 결과적으로, 최후로
- □ **massive** 큰, 거대한, 육중한, 단단한, 힘센

Jay's Coaching

Jay가 드리는 영어 프레젠테이션 Tip 제2탄

넷째! 많이 실수하는 부분인데 영어를 잘하는 것처럼 보이고 싶어서 괜히 빨리 말하다 보면 의사 전달에 오히려 방해가 될 수 있습니다. 가급적 또렷하게 끊어서 정확히 말하도록 하세요. 영어를 잘한다고 빨리 말하고, 못한다고 느리게 말하는 것이 아니니까요. 속도는 그저 사람마다의 성향일 뿐입니다.

다섯째! 바디 랭귀지입니다. 자신 있는 몸짓으로 움직여 주는 것이 좋습니다. 손을 사용한 바디 랭귀지가 좋겠죠? 시종일관 차려 자세를 하고 있으면 듣는 사람도 부담스러울 테니까요.

마지막으로는 엄청난 비밀인데 바로 목소리 톤 조절입니다. 톤에 강약을 줘야 프레젠테이션하는 동안 청중이 지루하지 않고 또 중요한 부분을 강하게 또는 높은 톤으로 말해서 강조할 수 있습니다.

DAY-30일차

마지막 하루 동안은 이메일 영어에 대해 잠깐 경험해 볼까 합니다.
이메일 영어를 하루만에 마스터하기에는 어려움이 있지만
사실 이메일 영어가 뭐 별게 있는 것은 아닙니다.
그냥 메모 쓰듯이 핵심을 추려서 의사전달만 잘하면 그게
최고의 이메일이니까요. 그럼 간단히 이메일 한번 작성해 볼까요?
이메일이라고 손으로 쓰지 마시고요, 그냥 그동안 쭉 해왔던 것처럼
입으로 하겠습니다. 그냥 말한다는 생각으로 소리 내어 하겠습니다.
자, 그럼 가 볼까요~

이메일을 써서 보내는 상황입니다. 비즈니스에서 신속하고 정확한 커뮤니케이션은 무엇보다 중요하다고 할 수 있겠죠?

1 안녕하세요, 슐츠 씨, 이 이메일이 귀하께 잘 전달되길 바랍니다.

2 지난 주 독일에서 당신을 만나 뵙게 되어 기뻤습니다.

3 당신도 기뻤길 바랍니다.

4 저는 돌아오자마자 당신의 보고서를 회사에 제출하였습니다.

5 제 동료들은 당신의 보고서를 매우 매력적으로 받아들였습니다.

6 환경친화적인 제조는 매우 중요합니다.

7 그것은 스미스 메디컬 테크놀로지의 새로운 사업 방안입니다.

8 저는 올해 생물의학 기술 회의에 당신이 참석하도록 초대하고 싶습니다.

9 그것은 서울에서 개최됩니다.

10 저는 SMT의 CEO이자, 이 회의 의장이기도 합니다.

11 저는 당신이 당신 보고서를 이사회에서 발표했으면 합니다.

12 그것이 당신과 당신의 회사에 네트워크 형성을 위한 훌륭한 기회가 될 거라고 생각합니다.

13 그 회의에 대한 정보패키지를 첨부하였습니다.

14 그것이 당신에게 도움이 되고 유익한 것이길 바랍니다.

15 큰 존경을 담아 당신을 초대하고 당신이 우리와 함께하길 바랍니다.

16 그 회의는 6월에 있으니 당신에게는 시간이 있습니다.

17 회사에 있는 우리 모두는 당신의 방문을 기대합니다.

18 편하실 때 답장해 주십시오.

19 조지 드림.

이메일을 쓸 때 가장 중요한 것은 무엇보다도 **의사전달**입니다.
꼭 기억하세요! 의사전달이 첫 번째 목표입니다.

부분을 영어로 생각해 보세요

1 Good afternoon, Mr. Schultz. I hope this email finds you well.

2 It was a pleasure meeting with you last week in Germany.

3 I hope you found it as pleasant.

4 I presented your report to my company upon my return.

5 My colleagues found your report fascinating.

6 Environmentally friendly* manufacturing is very important.

environmentally friendly = 환경 친화적인

7 It's a new business initiative for Smith Medical Technologies.

8 I'd like to invite you to attend this year's Biomedical Engineering Conference.

9 It's being held* in Seoul.

be held = 개최되다

10 As the CEO of SMT, I am also the chairman of this.

11 I'd like you to present your report to the Board of Directors.

12 I think it will be an excellent networking opportunity for you and your company.

13 I have attached an information package regarding the conference.

14 I hope you find it helpful and informative.*

informative = 유익한, 정보를 주는

15 With great respect, I invite you and hope you will join us.

16 The conference is in June, so you've got time.

17 All of us at the company look forward to your visit.

18 Reply at your convenience.

19 *Yours,*
George.

CC = Carbon copy, 즉 전달입니다. 아시죠?
여러 사람에게 같은 메일을 한꺼번에 보내는 것이죠.

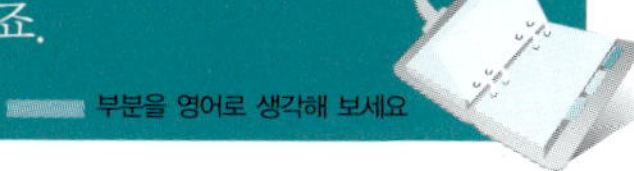

1 안녕하십니까, 여러분.

2 이 이메일은 신입 직원에 관한 것입니다.

3 그는 다음 주에 우리와 합류할 것입니다.

4 그는 피터의 자리를 인계받을 것입니다.

5 위층 새 사무실을 쓰게 될 것입니다.

6 그를 환영하는 데 동참하시길 바랍니다.

7 그의 이름은 프랭크 윌슨입니다.

8 그는 하버드 졸업생입니다.

9 그는 경제학 석사학위를 가지고 우리에게 옵니다.

10 우리는 이 새로운 영입을 고대합니다.

11 우리 모두가 프랭크로부터 많은 것을 배우게 되기를 바랍니다.

12 여러분들이 친숙해지도록 프랭크의 약력을 첨부했습니다.

13 모두에게 전달되지 않았다면, 여러분이 이 메일을 전달해 주시길 바랍니다.

14 또한, 저는 누군가 그를 안내해 주기를 부탁하기 위해 쓰고 있습니다.

15 가능하다면, 오늘까지 제 이메일로 답장을 주세요.

16 여러분의 신속한 답변 매우 감사하겠습니다.

17 모두들 좋은 하루 되시길 바랍니다.

18 하던 일들 잘하고 마감시간을 맞춰 봅시다. 힘내세요!

영어 이메일 이제 조금 감이 오시나요?

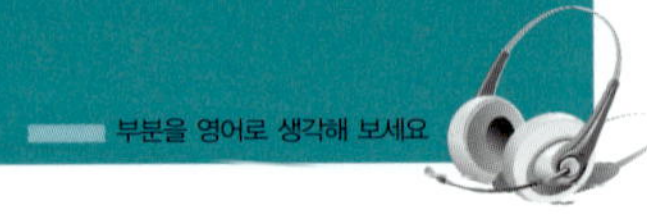

1 Hello, everyone.

2 This email is regarding the new employee.

3 He will be joining us next week.

4 He'll take over Peter's position.

5 The new office upstairs will be his.

6 I hope you will join me in welcoming him.

7 His name is Frank Wilson.

8 He is a Harvard graduate.

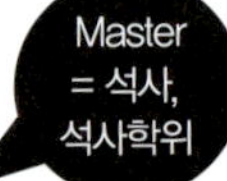

9 He comes to us with his Master's* in Economics.

10 We look forward to this new addition.*

addition = 추가(사항)

11 I'm hoping we will all learn a lot from Frank.

bio = 인물 소개, 약력 (= biography)

12 I've attached a copy of Frank's bio* to familiarize you.

13 If I didn't cc everyone, can you please forward this email?

14 Also, I'm writing to request that someone show him around.

15 If you can, reply to my email by end of day.

16 Your prompt response is greatly appreciated.

17 I hope everyone has a great day.

18 Let's stay on track* and meet those deadlines. Cheers!

stay on track = 행로에 머무르다, 즉 하던 일을 계속 잘하다

Must Pick-Up Expressions and Words

꼭 알고 넘어가야 하는 단어·표현들

- □ **pleasant** 즐거운, 기분 좋은, 유쾌한
- □ **conference** 회의
- □ **upon** ~하자마자 (= on)
- □ **opportunity** 기회
- □ **return** 되돌아가다, 반환하다, 돌려주다
- □ **fascinating** 황홀케 하는, 매혹적인, 홀리는
- □ **environmentally friendly** 환경친화적인
- □ **be held** 개최하다, 열리다
- □ **networking** 개인적 정보망의 형성
- □ **attached** 첨부한; 매어져 있는
- □ **regarding** ~에 관하여, ~의 점에서는
- □ **informative** 유익한, 정보를 주는
- □ **respect** 존경, 경의; 존중하다, 존경하다
- □ **have got** have와 같은 의미. (좀 더 구어적인 표현)
- □ **convenience** 편리, 편의, 형편이 좋음, 편리한 것, 유리한 사정
- □ **Yours** (편지 끝맺음의) ~ 드림, ~ 올림
- □ **upstairs** 위층에, 2층에; 한층 높은 지위에
- □ **Master** 석사, 석사학위
- □ **addition** 추가(사항), 부가
- □ **bio** 인물소개, 약력; 전기 (= biography)
- □ **familiarize** 친하게 하다, 익숙하게 하다, 널리 알리다
- □ **cc.** 복사, 사본; 복사하다, 사본을 뜨다 (= carbon copy)
- □ **forward** 회송하다, 전송하다, 발송하다
- □ **show around** 안내하다
- □ **prompt** 신속한, 즉시 ~하는
- □ **deadline** 마감시간(기한), 최종기한; 경계선
- □ **greatly** 크게, 대단히, 매우, 위대하게
- □ **stay on track** 행로에 머무르다, 즉 자신이 하던 일을 계속 잘하라는 뜻.
- □ **Cheers!** 환호, 격려, 갈채. 즉, 힘내세요!, 아자!, 파이팅!

Jay's Coaching

이메일 영어라는 게 사실 뭐 별게 없습니다. 왜냐면 우리도 그렇듯이 이메일에 형식이 많이 사라져가는 추세거든요. 이메일 초창기에는 영어편지와 비슷하게 양식도 많이 따지기도 했지만 요즘에는 웬만큼 공식적인 메일이 아니고서야 거의 다 메모처럼 간단하게 쓰곤 하니까요. 그래서 이메일 영어가 별게 없다는 말입니다. 그냥 말하듯이 의사전달에만 신경 쓴다면 이메일은 No problem입니다. 그냥 자신 있게 마음껏 쓰세요! 그럼 10점 만점에 10점입니다.

Appendix_Review

DAY-1

A Good morning.
B A little late today, Mr. Kim.
A Yes, I apologize.
B What held you up this morning?
A There was a traffic jam.
B Did you go through the city?
A Yes, they closed the highway.
B Well, today is your lucky day!
A Why is that?
B A few of your colleagues are not in yet either.
A I'll try to be on time tomorrow.
B Yes, it's important that you be punctual, Mr. Kim.
A I did leave earlier this morning to avoid the traffic jam.
B Just don't make a habit of it, Mr. Kim.
A I should have called in.
B Next time, just give Alice a call.
A Will do.
B See you in the meeting Mr. Kim.

A Good morning, Ms. Lee, May I have a word with you?
B Certainly, Mr. Kim.
A I'm all caught up on those files you wanted, ma'am.
B Great!
A How was your weekend, ma'am?
B I played a lovely game of golf on Sunday.
A Would it be a problem if I took off early today?
B How early were you thinking?
A Right after the meeting.
B Yes, it's important that you attend, Mr. Kim.
A The clinic called at the last minute and they can fit me in.
B I understand.
A All files are up to date.
B If you can meet this week's deadline, then I don't see a problem.
A I really appreciate it, ma'am.
B Just make sure to tell Alice you'll be out of the office.
A Yes, ma'am.
B I hope everything goes well at the clinic.

A Linda, do you know if they have fixed the photo copier?
B I'm not sure. Give it a try.
A Last time, I had to un-jam the paper after each copy.
B It was out of order last week, that's why, Mr. Kim!
A I thought they had it repaired.
B What do you need done? I have some spare time.
A I need to enlarge this pie chart for the meeting at 1:00 pm.
B Here, let me try. I usually have good luck with these machines.
A I hope it works.
B The light is flashing.
A It must still be out of order.
B Yeah, it's a paper jam again!
A Oh no! I really need this ready for the meeting.
B You can email or fax me the pie chart upstairs.
A That's right. That copy machine always works well.
B I'll enlarge it for you and bring it down.
A You are a lifesaver, Linda!
B No problem, Mr. Kim. Anytime!

A Hi, Alice. Did you see my post-it note on your laptop?
B Yes, I did. I'll order a new fax machine for our department soon.
A We are running low on many other office supplies.
B I am faxing in the monthly order soon.
A We need some new binders, white-out and staplers.
B Make sure you put them on the list!
A If I give the boss another loose report unstapled, he will flip!
B We better get lots of staplers then!
A I'll ask our other colleagues if they need anything else.
B Thanks, Mr. Kim.
A It's the least I can do.
B Well, it will save a lot of time.
A Where do you want me to leave the order form?
B Just put it in my inbox.
A Will do, Alice!
B Thanks, you're a gem.
A Alice, without you this office would be upside down.
B I know!

A Mr. Kim, I need you to do something.
B Yes, ma'am.
A The KIA Representatives are coming.
B When?
A Tomorrow. Would you please show them around?
B Of course.
A You will need to pick them up from the airport.
B What time?
A 3:00 sharp.
B Should I bring them directly here?
A No. You'll bring them to the hotel
B Sounds good.
A Can you give them a copy of your business report?
B Yes. The draft or the final report?
A Of course, the final report. Have you finished the report?
B No, not yet, ma'am. I will finish it tonight.
A I hope you have it ready for tomorrow.
B No problem, ma'am.

A Mr. Kim, can we have a word?
B Certainly.
A On behalf of the company, you'll be giving a presentation.
B On what specifically?
A It will be a product presentation.
B Who will be my target audience?
A The KIA Representatives.
B When will I be presenting?
A Next Tuesday afternoon.
B What is our main objective?
A We want them to have interests in our products.
B Are we looking to make a sale here?
A Definitely. We want our parts on their assembly line.
B How long should the presentation be?
A About 30 minutes.
B Sounds good.
A Please show me a rough draft by this friday.
B Will do. Thank you.

A Hello, can I speak with Mr. Brown please?
B I'm sorry. He's not in.
A Will he be in the office later today?
B No, I'm sorry he's out of the office all day.
A Will he be in tomorrow?
B Unfortunately, he is out of town on business.
A May I ask who is calling?
B It's Mr. Kim calling about the meeting overseas next week.
A Is anyone taking over for him while he is away?
B Yes, his executive assistant.
A Is he available to speak with now?
B Stay on the line while I check.
A Thank you.
B No problem.
B Hello, Mr. Kim?
A Yes, I'm still here.
B I will put you through.
A Thank you very much.

A Good afternoon, Mr. Brown's office. Jill Speaking.
B Hi Jill.
A Who's calling, please?
B Mr. Kim.
A Please hold.
B Thank you.
A Mr. Kim, he's unavailable at this time.
B Oh, that's too bad.
A Can I take a message?
B Yes.
A What's this call regarding?
B The Smith-Walker merger.
A Can you repeat that please?
B The Smith-Walker merger.
A Is it urgent?
B Yes, it is.
A I'll make sure he gets your message right away, Mr. Kim.
B Thanks Jill.

A Ms. Smith's office.
B Good morning, Jina.
A What can I do for you today, Mr. Kim?
B I need you to arrange a meeting time for Ms. Smith and myself.
A Sure thing. When were you thinking?
B I am free tomorrow anytime after 10 am.
A Let me check Ms. Smith's availability for tomorrow.
B If that doesn't work, I'm free all day Tuesday.
A It works fine. What is the meeting regarding?
B To discuss the details of the Smith-Walker merger.
A Ahh... Yes!
B Can you book the boardroom for us?
A Certainly, Mr. Kim.
B And are Ms. Smith and I still on for lunch this afternoon?
A Yes, the reservation has been confirmed for 2 o'clock.
B Excellent, Jina.
A Is there anything else, Mr. Kim?
B No, Jina. That's fine, thank you.

A Good afternoon, Ms. Smith's office. Jina speaking.
B Hi, Jina.
A Hi, Mr. Kim. How can I help you?
B I need to cancel my meeting this afternoon with Ms. Smith.
A No problem. We can reschedule.
B I'll need to postpone until next week.
A When is convenient next week?
B Would 2 o'clock on Wednesday work for Ms. Smith?
A Ms. Smith is booked.
B Okay. How about Thursday at 8 am?
A That works, let me book that for you.
B Thanks, Jina.
A I'll give you a call to confirm next Monday.
B That would be great, Jina.
A If anything changes, I'll let you know.
B Great.
A Have a good day Mr. Kim.
B Same to you, Jina. Take care.

A Welcome to Korea, Mr. Murphy.
B Hello. It's nice to put a face to the name.
A How was the flight from New York?
B Very good.
A Glad to hear everything went smoothly.
B Thank Alice for making the arrangements.
A One of our assistants will help you with your luggage.
B That would be nice. Thank you.
A We will take you to the hotel and let you get some rest.
B Great.
A Here is the itinerary for the week.
B Looks good.
A You will have a day of sightseeing with the heads from corporate.
B Great. I'm looking forward to some face time with them.
A Dinner with our company will be at 9 o'clock.
B What is the dress code?
A Business casual should be fine.
B I look forward to doing business with you, Ms. Lee.

A Welcome to Korea, Mr. Schultz.
B It's wonderful to finally be here!
A How was your flight from Germany?
B Good considering.
A You are probably very tired, so I'll take you to the hotel.
B Yes, I am a wee bit jet lagged, I think.
A Once you have rested, we will begin meetings.
B I will need some rest to negotiate efficiently!
A We'll let your office in Germany know you've arrived safely.
B That would be lovely.
A Is there anything you need before we take you to the hotel?
B No, thank you. Will Mr. Smith join us for dinner?
A Yes. He'll bring you up to date on everything before the meeting tomorrow.
B Excellent.
A We'll take you to the hotel once we get your luggage.
B Great, thank you.
A It's a pleasure to be doing business with you, sir.
B Same to you, Ms. Lee.

DAY-7

A Mr. Murphy, I'd like to start by telling you some company basics.
B Ready when you are.
A Our company was established in 1997.
B Where was the first head office?
A Seoul, which is why we invited you here.
B Is this office's headquarters?
A Yes, but we have two other major offices in Seattle and Miami.
A Mr. Kim built the company from the ground up all by himself.
B When was the company first listed on Kosdaq?
A 2001.
B It didn't take long for the company to flourish.
A Not after Mr. Kim went into partnership with our major buyers in 1999.
B And this is when the net income more than doubled?
A Yes, that is correct.
B That's fantastic.
A Our projected net income in the next 5 years is quite impressive.
B Keep talking, Ms. Park. I am all ears.
A We are also planning to list our stock on Nasdaq this year.

A What are some of your company objectives?
B We have many.
A Such as?
B Most importantly, to conduct business ethically.
A Where do you stand on customer service?
B It's one of our top priorities, keeping our clients happy.
A The success of your clients concerns you?
B If they're not happy, we're not happy.
A How do you deal with the competition?
B We try to stay one step ahead, so we never have to.
A How do you ensure employee satisfaction?
B Our management culture is flexible and realistic.
A Is customer and employee satisfaction equally important?
B Yes, we are committed to both our customers and employees.
A Do you encourage self-improvement?
B Yes, employees are encouraged.
A It sounds like you have a good sound base.
B We recognize and maximize every opportunity.

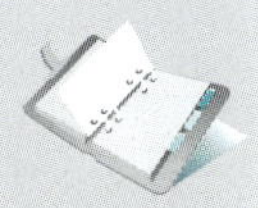

A Tell me about your product, Mr. Kim.
B As the prospective buyer we want you to be happy.
A Tell me why we should buy.
B We've worked out a great deal with our suppliers.
A In what way?
B We are getting our raw materials below market price.
A So you will sell to us at a good price?
B Below market price.
A Sounds like we can resell and make a good profit.
B We made it into Consumer Reports magazine last year.
A So there is a serious buzz around your product?
B Yes, sales have increased two-fold since.
A I see that.
B The Japanese are crazy for our automotive technology.
A We will automatically have the Japanese as clients then?
B Exactly.
A How long from manufacturing to the market?
B To be safe, I would say a month.

A What does the competition look like?
B Well, we are neck and neck with the Germans.
A How is your product better?
B Our product is ready now!
A Do you mean you have a prototype?
B No! Our products are ready to be out in the market.
A Wow! That's just amazing.
B Let's just say we're expecting net profit of 10 billion dollars.
A Any interest from the Chinese?
B No, but we supply to most major factories in the US.
A Do you supply to most of Japan?
B Yes, we supply to almost everywhere.
A What about major investors?
B We were listed in the top 100 last fall in KSE.
A I'm quite interested.
B We can draw up a contract if you like.
A I'll need to speak with corporate.
B Take all the time you need.

DAY-9

A Glad you could join us for dinner, Ms. Brown.
B It's my pleasure, Mr. Kim.
A We thought Korean food was suiting.
B Certainly.
A Have you eaten Korean food before, Ms. Brown?
B No, this will be my first time!
A Here is a cushion for sitting on the floor.
B Thank you .
A Would you prefer pork or beef on the BBQ?
B I'm not picky.
A We will start with pork then.
B Sounds delicious.
A Here are your chopsticks.
B I've never eaten with chopsticks before.
A You will also need a spoon for your rice.
B Many utensils!
A These are our side dishes.
B The crab looks great.

A We usually drink soju with our meat.
B What does it taste like?
A It is very strong, Ms. Brown. Please be careful!
B I drink scotch. I'm sure I'll be fine.
A After our dinner, we will meet Ms. Smith for drinks.
B What are some traditional Korean drinks?
A We drink a lot of rice wine and soju.
B What time will Ms. Smith join us?
A We will meet her at 10 o'clock.
B I'm looking forward to having a scotch with her.
A Ms. Smith definitely likes her scotch.
B We should get along just fine then!
A Here try some somak. It is beer and soju together.
B That sounds terrible, but I will try it.
A It is very good.
B Yes, it's actually not too bad!
A Let me pour you another.
B Thank you, Mr. Kim.

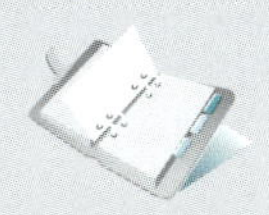

DAY-10

A Welcome to today's meeting, team.
B Good morning, Ms Smith.
A This meeting will be short.
B Here are the hand-outs you wanted, ma'am.
A Thanks, Mr. Kim.
B And the agenda for the meeting, ma'am.
A Any updates on the Smith-Walker file?
B We are still in talks with the Walker firm.
A Anything new regarding our trip to Germany?
B I spoke with the German representative earlier today.
A Who's in charge of travel arrangements?
C I am.
A Great Alice. Good initiative.
B I'd like to propose that Alice go to Germany.
A I disagree, Mr. Kim. We'll need her here.
B In my opinion, we could use her for admin. support in Germany.
A Let's take a vote. All those in favor?
B We vote yes, ma'am.

A Today's meeting is about the buyers in Germany.
B Germany e-mailed us today, ma'am.
A Did they confirm their availability?
B Yes.
A So August is a go?
B Yes, 100%.
A Has the contract been discussed?
B We wanted to do so at today's meeting.
A The floor is open. Any ideas?
B We'll need to call the lawyers.
A Alice can you do that?
C Yes certainly, Ms. Smith.
A Mr. Kim, any obstacles we need to avoid?
B None that I can think of.
A Sounds like we're on the right track.
B I agree, Ms. Smith.
A Keep up the good work team.
B Yes, ma'am!

DAY-11

A We need to move on to our next topic.
B Who is participating in the conference call with the Germans?
C Mr. Kim and Larry.
A What time will we be calling Germany?
B 8 am our time. Would you like us to make an offer during the conference call?
A No, Mr. Kim. Let's hold off until our visit.
C Ms. Smith, what boardroom should I book for the call?
A 201B in the west wing should be good.
A Have we scheduled the Germans for the call?
C Yes, they have confirmed the appointment.
A You spoke with their administrative assistant?
C Yes, ma'am, yesterday.
A Alright team, it sounds like everything is in place.
B Can I get a copy of the minutes from this meeting, Alice?
C Sure thing.
B Thanks, Alice.
A We'll wrap up the meeting here folks.

C We haven't got much time left.
B Yes, we should go to the last item on the agenda.
C Ma'am, have you decided who to send to America?
B Yes.
C Who will it be?
B After serious consideration, I have chosen you and Mr. Kim.
C Thank you, ma'am. I will do a good job.
A Yes, Ms. Smith. We're going to bring this one home.
B I'm counting on you boys.
A We won't disappoint you.
B Alice, how much time do we have left?
D Not much, ma'am. You should get to your next appointment.
B Did you take minutes, Alice?
D Yes, I did.
B Can you make sure everyone gets a copy of today's meeting?
D Definitely.
B Thanks for your hard work, team. Meeting is adjourned.
A See you tomorrow, ma'am.

DAY-12

A Did you get the memo?
B Which one?
A About our new break times.
B Yes, I did
A How do you feel about it?
B I'm okay with it.
A They are not much different from the old break times.
B I agree.
A As long as I have time for coffee, I'm happy.
B Same here.
A Our lunch break is thirty minutes longer now.
B I know. I'm happy about that.
A We'll have more time for personal errands.
B Yes, but we work thirty minutes longer.
A Unfortunately.
B Yeah, I'd rather have shorter breaks.
A Yes, so we could get off earlier.
B I've got a meeting. See you at lunchtime.

A Hey, Alice
B Hi, Mr. Kim
A How was your weekend?
B It was nice. And yours?
A Very busy. The future in-laws were in town.
B Oh, my!
A You're telling me!
B We took our kids to the zoo.
A I'm sure they enjoyed that.
B We had a great time.
A We're very busy planning the wedding.
B How's it coming?
A Pretty good.
B Monday comes too fast.
A Yes, it does.
B Well, you know what they say.
A Another day, another dollar.
B Have a nice day!

DAY-13

A Have you met the new employee yet?
B No, have you?
A Yes, in the elevator this morning.
B How did she seem?
A She seems nice.
B Good.
A She is a Harvard graduate.
B Oh, nice!
A Ms. Smith will introduce her at the meeting today.
B That should be interesting.
A It will be nice to have a fresh face around.
B I agree, and some new ideas.
A She is taking over Harvey's old position.
B Will she get his office?
A I think so.
B It's such a good office!
A Yes, she is lucky.
B Yeah, it's close to the coffee!

A When do you go on holidays?
B At the end of August.
A You must be excited.
B Very!
A What are your plans?
B I'm going to Chicago.
A To see family?
B Yes, my mother and father.
A That sounds amazing.
B When are your holidays?
A The second week of September.
B Any plans?
A Doug and I are moving that week.
B So you will be busy.
A Yeah, there's always something.
B I agree, never enough time!
A Well, I'll see you at the meeting.
B Yes, see you there!

DAY-14

A Are you going to the Christmas party?
B Yes, I am.
A Do you know who else is going?
B Our whole department will be there.
A Are you bringing your husband?
B Of course.
A Do you know if Mary from accounting has a date?
B I'm not sure.
A I was thinking of asking her.
B You should. She's cute.
A I think I will.
B You better do it soon.
A Why?
B Bill from accounting likes Mary, too!!
A I will at lunchtime.
B Do it during coffee time.
A I guess I will.
B The sooner the better!

A Tomorrow is pay day.
B I know.
A I've been counting the days.
B Me too. I live check to check.
A My mortgage is killing me!
B It's my car payments.
A At least we're getting a raise.
B Yes, at the end of the fiscal period.
A It couldn't be better.
B I agree.
A The economy is so terrible right now.
B Yes, we're lucky to have jobs.
A Do you wanna meet for coffee later?
B Sure!
A I'll see you at the break.
B Okay.
A Have a good one.
B You too!

DAY-15

A Anyone feel like Chinese?
B Mmmm, yes! That's a great idea.
A We haven't had lunch together lately.
B Yes, let's order some Chinese.
A Where should we order from?
B "Mr. Lee's" is great.
A Mmm, you are right.
B We have coupons, too.
A What shall we order?
B Combo #9 is good.
A That sounds good.
B You call to order, I'll get the petty cash.
C Hello, Mr. Lee's Chinese Delivery.
B Hi, I'd like to order Combo #9.
C Address please?
B Itaewon dong, 227-1, KIA Building, 2nd floor.
C See you in 30 minutes. Cash or credit card?
B Cash please. Thank you. See you soon.

A I'm going to grab a coffee.
B Where are you going?
A Starbucks. Anybody want coffee?
B We all do!
A What does everyone want?
B The usual.
A I need to write it down.
B Sure.
A I know Jerry takes a tall latte.
B Linda will take a regular coffee.
A A tall latte and a regular coffee, how about you?
B I'll take a cappuccino.
C Welcome to Starbucks, what would you like?
B Tall latte, a tall coffee, a cappuccino grande and a tall cafe mocha for myself.
C Milk or sugar?
A One sugar in the latte and two sugars in the tall coffee.
C Will that be all sir? $15,000 won please.
A Thank you, here you are.

DAY-16

A Mr. Kim we have some business to discuss.
B Certainly, Ms. Smith.
A I just got off the phone with one of our representatives in Japan.
B Is there a problem?
A It seems one of the buyers is very unhappy.
B What is the problem?
A They were expecting a very large shipment.
B Has it been delayed?
A Yes.
B Oh, no. Is it one of our big clients?
A Unfortunately, yes.
B I'll call the factory right away to see what happened.
A We will have to make an offer to keep their business.
B What should I propose, Ms. Smith?
A We will have to sell to them below market price.
B What about the shipping costs?
A Tell them we will cover that and call Japan immediately.
B I'm on it, Ms. Smith.

A Good morning, Ms. Schultz
B Good morning, Mr. Kim
A How's business on your end?
B Not very good.
A What seems to be the problem, Ms. Schultz?
B We haven't received any invoices for the past two months.
A I'll check with our sales department right away
B It's very important for accounting and tax purposes.
A I understand, Ms. Schultz.
B Is it possible to get them electronically?
A We are still looking into that.
B Mr. Kim, this is unacceptable.
A We will get you those invoices as soon as possible.
B It's important that we document every purchase.
A Yes, I understand, Ms. Schultz.
B If you want our business you need to get organized.
A We sincerely apologize for any inconvenience.
B I hope we will receive invoices in the future.

DAY-17

A I wanted to thank you for all of your hard work.
B Thank you, Ms. Smith.
A You did a great job on the Smith-Walker file.
B Thank you for the opportunity.
A All of your hard work really paid off.
B The Walker firm is going for the deal?
A Yes, thanks to you. You sold it to them!
B Congratulations Ms. Smith. You must be thrilled.
A Your leadership on this project led our team to victory.
B I can't take all of the credit. Our team worked hard.
A I'd like to take you and the team out for dinner.
B Yes, we should celebrate!
A At dinner, I will announce who will take over for Louis.
B I'll gather the team and tell them the good news.
A Keep up the good work, Mr. Kim, and a promotion is in the cards.
B I'll do my best.
A Tell the team dinner will be at 6 o'clock.
B See you then, Ms. Smith .

A I just spoke with the Germans.
B Did they enjoy our visit?
A Yes, Mr. Kim. They talked about you a lot.
B All good I hope.
A They loved you.
B I think I persuaded them pretty well.
A Your dynamic personality really helped with this deal.
B Oh, really?
A You were very good at convincing them.
B Well, I believe it was worth it for them and the company.
A I'm really impressed with your negotiation skills.
B I learned from the best.
A I think you have a natural talent.
B Thank you, Ms. Smith.
A The way you managed the issue in Japan was also admirable.
B Does this mean you will consider me for a promotion?
A You are definitely on my radar.
B That's great, Ms. Smith!

DAY-18

A Mr. Kim, it's time to talk about your raise.
B Great.
A Your performance this year has been outstanding.
B Thank you, Ms. Smith.
A You are a valued member of our team.
B I feel I have grown and I have a lot to offer.
A How big of a raise are you looking for, Mr. Kim?
B What do my background and qualifications entitle me to?
A I'm open to negotiation.
B I have researched my market value.
A And?
B I'm looking for a 10% salary increase.
A It's possible. Tell me why I should give you this raise.
B Ma'am, I've been a keen and successful negotiator .
A Agreed.
B I've brought over 1 million dollars in revenue to the company.
A Here is my offer.
B I will look it over tonight and let you know tomorrow, ma'am.

A I'd like to make some changes to our department
B What were you thinking, Ms. Smith?
A I'd like to change the organizational structure
B We should mimic corporate headquarters.
A I'd like to become as functional.
B What changes do you have in mind?
A I'd like to bring Linda up from admin. into Finance
B I think it's a good idea.
A Her skills are not being used down there.
B What about the open Director of Finance position?
A I want Larry up here overseeing our finances.
B I agree. He did great work on last year's budget
A And, Mr. Kim, I'd like you to become my righthand man
B Does this mean I'd be promoted?
A Yes, you'd become an executive officer.
B I'd love to be!
A Depending on our monthly budget, I will begin making changes.
B I look forward to seeing the changes, Ms. Smith.

DAY-19 

A Good afternoon, Thai Air. How can I help you?
B I need to book a flight to the US.
A Where will you be flying to and on what date?
B New York, JFK Airport for the 30th of March.
A Will that be economy, sir?
B Business class, please.
A Let me check flight availability.
B Thank you.
A There is a flight out of Seoul with a transfer in Chicago.
B How long is the layover?
A You'd arrive in Chicago at 5:00 pm and depart at 7:30 pm.
B Will I have enough time to go through customs?
A You should be just fine.
B Will my bags go all the way through to New York?
A Yes, they will.
B Great.
A Should I book you right now, sir?
B Yes, please do.

A Good afternoon, Hilton New York. How may I help you?
B I'd like to make a reservation for March 30th.
A Do you have any special preferences?
B I'll be needing a suite with internet.
A Let me see what we have.
B I will be checking in late.
A That's fine, sir. We have one suite available. How many nights?
B Four.
A We have a lovely suite available for all of those 4 nights.
B I'll take it.
A Name and credit card number, please.
B Jay Kim, 4519 0108 8876 5497 expiry date 08/12 .
A Card type?
B American Express, it's the company credit card.
A Are you an authorized user?
B Yes ma'am.
A Mr. Kim, your reservation code is 2J9XTU. See you soon.
B Thank you. Have a nice day.

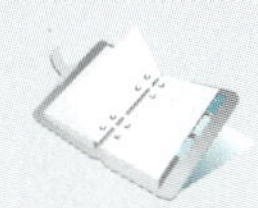

DAY-20

A Good morning, Mr. Kim.
B Good morning.
A When will you be traveling?
B Two months from now.
A Could you tell me the purpose of your visit?
B I'm going for business.
A Can you be a little more specific, sir?
B I will be consulting with business associates.
A What kind of business are you in?
B I am working for KIA as an engineer.
A What is your destination, sir?
B I am going to GM office in New York.
A How long do you expect to stay in the USA?
B Just for one week.
A Are you traveling alone?
B No, I'll be going with one of my colleagues.
A Great. Have a nice trip, Mr. Kim.
B Thank you

A Good afternoon, sir.
B Hello.
A Name, please.
B Jay Kim.
A Where are you flying to today?
B New York.
A Do you have any baggage to check?
B One suitcase.
A Did you pack this yourself?
B Yes.
A Would you like an aisle seat or a window seat?
B A window seat, please.
A Here is your boarding pass.
B Great.
A Please go to Gate 271 for business class pre-boarding.
B Is that in this terminal?
A No, you'll need to catch the train to Z4. Have a nice flight.
B Thank you. Have a nice day.

DAY-21 

A Welcome to America, sir.
B Thank you.
A Passport, please.
B Here you are.
A Where are you coming from?
B South Korea.
A Is this your first visit to the U.S.?
B No, it's my second visit.
A What is the purpose of your visit?
B Business.
A How long will you be staying?
B One week.
A Where will you be staying?
B Downtown Manhattan, at the Hilton.
A Follow the signs on your right. Enjoy your stay.
B Straight ahead?
A Yes. Go straight ahead.
B Thank you.

A Welcome to the Hilton New York.
B Good afternoon.
A Name and reservation code, please.
B Jay Kim, 2J9XTU.
A Mr. Kim, will you be paying by cash or credit card?
B On the company card number I gave you.
A We have you booked for corner suite 912.
B Is there a gym in here?
A Yes. All of our gym facilities are on fourth floor.
B I'm expecting an important guest tomorrow.
A No problem, sir. We'll send him up when he arrives.
B Also, I'll need a boardroom tomorrow at 1:00 pm.
A Sure. The Chelsea boardroom will be ready for you.
B Terrific.
A Will you be needing anything else, sir?
B A wake up call tomorrow morning at 6:30 am.
A Sure thing. Please enjoy your stay.
B Thank you very much.

DAY-22

A I'd like to exchange some money.
B What currency do you have now?
A I have Korean won.
B What currency would you like?
A US Dollars.
B How much would you like?
A What is the current exchange rate?
B 1 US Dollar is 1,390 won.
A That's quite high.
B It's the economy sir.
A I'd like $500 US Dollars, please.
B That will be 695,000 won.
A Here you are.
B Thank you, sir.
B A hundred, two hundred, three hundred, four hundred and five hundred dollars.
A Thank you.
B Have a nice day.
A I will!

A Welcome to Avis Car Rental. How may I help you?
B I'd like to rent a car.
A For which days, sir?
B From today for one week.
A Will you be returning the car at the airport?
B Yes.
A Is this for leisure travel or corporate travel?
B It is for corporate travel.
A Will you be needing GPS?
B Yes, definitely.
A Would you like to purchase the fuel service option?
B Yes, and I'll need something to fit 4 to 5 people.
A We have a standard SUV available during those days.
B That's good. I'll take it.
A It will be $600. Accident insurance is free for corporate rentals.
B Oh, that's great!
A The car is due back next week at 9:00pm.
B I'll see you then.

A Taxi!
B Where would you like to go?
A 93 Waverly street.
B Washington Square Park?
A Yes, as close as you can get.
B No problem sir.
A Thanks.
B Are you in town on business?
A Yes.
B Where from?
A South Korea.
B Welcome to New York.
A Thank you. It's my first time.
B How do you like it?
A It's very exciting! A lot like Seoul.
B Here we are, 93 Waverly street.
A How much?
B Eleven dollars, please.

A Excuse me, ma'am.
B Yes.
A Do you know how to get to Trump Towers?
B Well, we're at Waverly and 9th right now.
A Yes, I can see where we are on the map.
B Go straight for 6 blocks.
A Okay.
B Then, take a right on Green and 15th.
A How many blocks do I go?
B You will walk for 3 blocks and then take a left.
A Okay, on the map that brings me here, then what?
B Go straight for one block and you are there.
A Thank you so much, ma'am.
B No problem. Is this your first time in Manhattan?
A Yes, I'm trying to get to an associate's building.
B In town on business then?
A Yes.
B Make sure to have a New York steak while you are here!

DAY-24

A I'd like one hot dog and two pretzels please.
B Sure thing, sir.
A Are you from around Manhattan?
B No, I'm from Michigan.
B And yourself, sir?
A I'm from South Korea.
B Visiting family?
A No, actually I'm here on business.
B Ahh, yes! Very busy city, Manhattan.
A Yes, I'm very excited to be here!
B Have you visited Times Square, yet?
A Not yet, only the Empire State Building.
B Make sure you take a walk in Central Park.
A It 's on the top of my list.
B Many New Yorkers like to take walks and relax there.
A I've heard it's very beautiful.
B Pretzels and hotdogs are New York specialties! Enjoy.
A Thank you very much.

A Welcome, Mr. Kim!
B It's a pleasure to be here, Ms. Murphy.
A Did you have trouble finding us?
B I had to ask for directions on the street.
A But you made it!
B I did indeed.
A My colleagues are very excited to meet with you!
B I'm looking forward to doing business with you.
A I'll have Beth take your coat.
B Thank you, Ms. Murphy.
A Can we get you anything to drink?
Would you like a mineral water or a coffee?
B No, thank you.
A How was your flight from Korea?
B It was good. Wonderful service in business class.
A We appreciate you coming all this way to do business with us.
B It's my pleasure, Ms. Smith is very excited to get this underway.
A Shall we begin the meeting?
B Yes, let's get started!

DAY-25 

A We are glad you like our product.
B Mr. Kim, we are very interested.
A I have a really great offer for you.
B I hope it's a win-win for both parties.
A We'd like to sell to you at a friendly price.
B What do you consider a friendly price?
A Below market price, if you accept our offer.
B How much must we purchase?
A We want you to buy and sell 40 units a month.
B It's possible.
A If so, we will sell at 20% below market price.
B What are the payment terms?
A If you sign today, we can do bimonthly.
B What are the product delivery terms?
A We cover the costs of product delivery.
B What other obligations would we have?
A Sign a 3 year contract.
B How about 2?

A How does the contract look, Ms. Murphy?
B Very good.
A Payment and delivery terms are as stated.
B What about boilerplate provisions?
A They are on the following page.
B It's always good to have those!
A I agree.
B If either party should breach the contract.....?
A That is also on the following page.
B I believe your company intends to follow the terms.
A Certainly, Ms. Murphy.
B It looks like everything is covered.
A Yes, and we intend to adhere to all terms.
B I trust we both will.
A We hope to re-negotiate with you next year.
B Where do I sign, Mr. Kim?
A Page 3, on the dotted line.
B Lovely doing business with you!

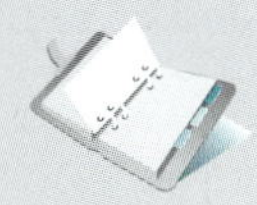

DAY-26 

A We're glad you could join us for dinner, Mr. Kim.
B What will we be having this evening?
A We'd like to treat you to a nice steak.
B Great. I love steak.
A Should we order a bottle of wine?
B Definitely.
A Do you prefer red or white?
B I like both.
A We'll go with red. It goes nice with the meat.
B I agree.
A Our associates will be joining us later this evening.
B I'm looking forward to meeting them.
A We will have cocktails in the cigar lounge later.
B Someone should make a toast.
A To our future business and success.
B Cheers!
A Enjoy your steak, Mr. Kim.
B Thank you, I will. Thanks for hosting me.

A You can sit here, Mr. Kim.
B Thank you.
A We come to this lounge often to discuss business.
B In Korea, we don't have many cigar lounges.
A Have you ever had a scotch with a cuban cigar?
B No, I haven't.
A Would you like a cuban cigar, Mr. Kim?
B I would, thank you.
A What will you have to drink?
B I will take a scotch on the rocks.
A Good taste, Mr. Kim.
B I only started drinking scotch recently.
A Business is best discussed over a scotch.
B In Korea, business is done over soju!
A I'd like to toast to your visit.
B It's been great visiting your headquarters.
A Thank you for coming all this way to begin business. Cheers.
B Cheers!

DAY-27 

A What qualifications do you have, Mr. Kim?
B I have an MBA.
A Where did you study?
B I studied at Yonsei University.
A Did you do your bachelor's there, too?
B Yes, I did.
A What company did you start at?
B I actually started at KIA.
A What was your position there?
B Well, I was the youngest Director of Marketing Strategies.
A What was your biggest achievement there?
B I developed a widely used sales and marketing strategy.
A The one they use now?
B Yes, many companies have adopted my model.
A Wow, you must be so proud.
B I am, but I still have many more accomplishments to achieve in the future.
A Do you like the work you are doing here now?
B Yes. Working as a company executive is much more prestigious.

A At Smith Auditory Technologies I was in the sales department.
B What was your job title?
A I was Director of Sales and Marketing.
B You were in charge of the whole sales department?
A That's correct.
B What product were you selling?
A Hearing aid devices.
B What was your target market?
A Mainly, the medical community.
B So, medical supply retailers, etc?
A Yes. My job involved a lot of lunching with medical professionals.
B Sounds prestigious.
A It was. I did well at Smith Tech.
B You are a star everywhere you go!
A I boosted sales at S.A.T. by 30%, domestically.
B Did you export?
A I turned S.A.T. into an international company when I was only 28.
B I think I have a lot to learn from you.

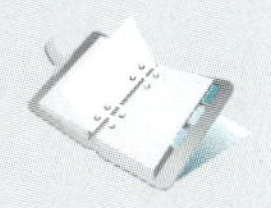

1 Good afternoon, health professionals and investors.
2 I am Jay Kim.
3 I am the Head Sales Rep from Smith Auditory Technologies.
4 I'm here to introduce you to our latest innovation, the Smith Cochlear Implant.
5 It is the latest technology from Smith Auditory Technologies.
6 I'll go over the main features to begin with.
7 My presentation will be about 30 minutes.
8 Feel free to interrupt me anytime with questions.
9 I'd like to direct your attention to the screen.
10 This is a picture of our new cochlear hearing device.
11 The diagram shows how the implant works.
12 Acoustic sounds are converted into an electrical signal.
13 Why a cochlear implant instead of a hearing aid?
14 Good question.
15 For one thing, sound is better with a cochlear implant.
16 Many people are not satisfied with hearing aids.
17 Cochlear implants provide sound detection and speech recognition.
18 The benefits of a cochlear implant outweigh those of a hearing aid.

1 One major benefit of the cochlear implant is how it's powered.
2 It uses the same battery a hearing aid does.
3 They don't require a lot of power.
4 You may wonder how this product is relevant to today's modern technology.
5 Smith Auditory Technologies wants to give people back their lives.
6 Most medical technology concentrates on other areas.
7 Our implant has been tried and tested.
8 People of all ages have seen major hearing improvements.
9 Our product is ready today.
10 I highly recommend being a stakeholder in Smith Auditory Technologies.
11 Our company is about to take off because of this product.
12 The graph on page 4 shows projected sales for the next fiscal year.
13 For all of you health professionals, study results are on page 3.
14 Does anyone have any questions?
15 If not, I will wrap it up there.
16 Feel free to consult our web site for more information.
17 I can be reached by email if you have further interest.
18 You have been a lovely audience, thanks for your time.

DAY-29

1 Hello, everybody.
2 I'm the Marketing Director of Fruity Booty Body Products.
3 I'm here to present the latest market research findings.
4 Today, I'll talk about how we'll apply these findings.
5 We are looking to increase profit and expand our market.
6 Our marketing team has developed a new strategy.
7 I'd like to discuss our new marketing strategy today.
8 I will probably speak for about one hour.
9 In which case, I hope you brought lots of coffee!
10 Please hold off with questions until the end.
11 I'll answer any questions you'll have.
12 I'd first like to distribute these handouts.
13 If you will, please turn to page 1.
14 First I want to talk about who our market is.
15 Females aged 18 to 25 appear to be the major purchasers.
16 The pie chart demonstrates this.
17 Of course, we want to continue to target this market.
18 We also want to expand our market.

1 Our overall strategy is based on research findings and fads.
2 We looked into where we'd be able to reach our target market.
3 Figure 2.1 shows most purchases are made from district malls.
4 Who goes to the mall to shop?
5 Females aged 18 to 25.
6 As you can see from the graph, this age group loves to shop.
7 Problem! We aren't reaching women over the age of 25.
8 Why not?
9 Because they aren't leaving the home anymore.
10 According to statistics, they are still shopping online.
11 What does this information mean for our company?
12 It means we know how we can reach a broader range.
13 We want to get our products to online retailers.
14 Not only this, but we plan to advertise online.
15 We know the top web sites visited by women over 25.
16 This should increase sales by at least 50%.
17 Through online advertising, we hope to expand our market.
18 Once we've achieved this we plan to develop a men's line.
19 In conclusion, we are looking at a massive sales increase, folks.
20 Any questions?

DAY-30

1 Good afternoon, Mr. Schultz. I hope this email finds you well.
2 It was a pleasure meeting with you last week in Germany.
3 I hope you found it as pleasant.
4 I presented your report to my company upon my return.
5 My colleagues found your report fascinating.
6 Environmentally friendly manufacturing is very important.
7 It's a new business initiative for Smith Medical Technologies.
8 I'd like to invite you to attend this year's Biomedical Engineering Conference.
9 It's being held in Seoul.
10 As the CEO of SMT, I am also the chairman of this.
11 I'd like you to present your report to the Board of Directors.
12 I think it will be an excellent networking opportunity for you and your company.
13 I have attached an information package regarding the conference.
14 I hope you find it helpful and informative.
15 With great respect, I invite you and hope you will join us.
16 The conference is in June so you've got time.
17 All of us at the company look forward to your visit.
18 Reply at your convenience.
19 Yours,
George.

1 Hello everyone.
2 This email is regarding the new employee.
3 He will be joining us next week.
4 He'll take over Peter's position.
5 The new office upstairs will be his.
6 I hope you will join me in welcoming him.
7 His name is Frank Wilson.
8 He is a Harvard graduate.
9 He comes to us with his Master's in Economics.
10 We look forward to this new addition.
11 I'm hoping we will all learn a lot from Frank.
12 I've attached a copy of Frank's bio to familiarize you.
13 If I didn't cc everyone, can you please forward this email.
14 Also, I'm writing to request that someone show him around.
15 If you can, reply to my email by end of day.
16 Your prompt response is greatly appreciated.
17 I hope everyone has a great day.
18 Let's stay on track and meet those deadlines. Cheers!

O U T R O

그동안 당신은 영어로 말해 본 적이 없을 뿐이고…
그래서 영어로 말을 할 수 없을 뿐이고…

하지만 당신은 3030을 만났을 뿐이고…
그래서 영어로 말했을 뿐이고…
그러니 영어로 말할 수 있을 뿐이고…

그렇습니다! 언제 영어로 말해 보셨습니까?

〈3030 English〉의 특징은 독자가 영어로 말을 하지 않을 수 없게 만들어져 있다는 것입니다. 또 그게 제가 원하는 바고요.
언어는 이게 관사니 명사니 하는 구차한 설명이 사실 별로 필요가 없습니다. 그냥 자꾸 말해 보는 것이 최고입니다.
그런데도 옛 습관을 버리기 힘드시죠? 이게 왜 이렇게 될까? 혹은 이게 관사인가 전치사인가?
뭐 이런 궁금증들이 말을 하고 있는 중간중간에도 계속 올라올 것입니다. 하지만 그런 생각할 시간에 차라리 한두 번 더 말해 본다면 영어실력에는 훨씬 더 큰 도움이 될 것입니다. 앞으로 어떤 학습법으로 공부하시든 반드시 소리 내어 말하는 학습법, 즉 〈3030 English〉에서 하셨던 것처럼 그렇게 하시길 바랍니다. 왜냐면 말해 보지 않는 학습법은 정말이지 아무런 도움이 되지 않기 때문입니다.
대한민국의 영어 문제에는 아주 간단한 해결책이 있습니다.
그건 눈으로 보는 영어에서 입 밖으로 소리 내어 말하는 영어로 교육방법을 또 고정관념을 바꾸는 것입니다.
주변 분들에게도 알려 주세요!
눈으로 공부한 10년 공부보다 입으로 소리 내어 말해 본 한 달이 훨씬 더 효과적이었다고.

그럼 영어 정복 성공하시리라 믿습니다.
파이팅!!!

T H A N K Y O U

지금까지 함께하신 하나님
내가 존경하고 사랑하는 엄마 아빠
인생의 전환점을 만들어 준 나의 멘토 나의 형 나의 친구 기영이 형

항상 가르쳐 주시는 장 목사님
항상 대답해 주시는 성담 스님
항상 기도해 주시는 최숙철 목사님
항상 응원해 주시는 강찬모 화백님
항상 도와주시는 금영욱 교수님
항상 알려 주시는 선표형님

나의 사랑하는 친구이자 동생이자 제자
이민철, 김동우, 김관형님
믿고 함께하시는 남은화 부원장님과 브로나
모든 작업을 함께하시는 New York 랑랑 언니
그리고 많이 도와준 에린…

〈3030 English〉와 함께해 주신 권기현, 정세라, 권경현 팀장님
그리고 김영사 식구분 모두

감사합니다. 덕분입니다!!

그리고
가장 친한 친구 문혜림 사랑합니다.

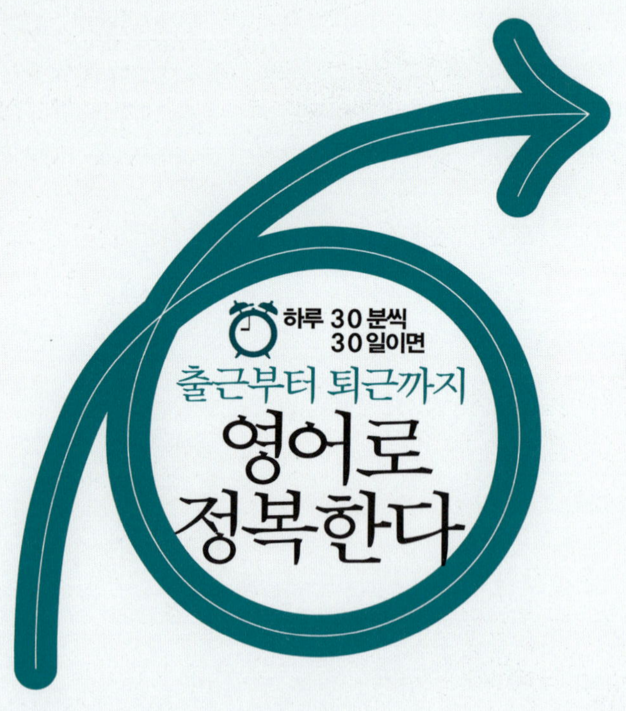
하루 30분씩
30일이면
출근부터 퇴근까지
영어로
정복한다